江汉大学高层次人才项目《有声阅读平台用户使用行为影响因素研究——基于武汉市用户调研》（编号1004/08030001）阶段性成果

有声书平台用户使用行为影响因素模型构建与实证研究

叶阳 著

WUHAN UNIVERSITY PRESS
武汉大学出版社

图书在版编目(CIP)数据

有声书平台用户使用行为影响因素模型构建与实证研究/
叶阳著.—武汉:武汉大学出版社,2022.12
ISBN 978-7-307-23378-2

Ⅰ.有… Ⅱ.叶… Ⅲ.互联网络—应用—知识传播—影响因素—
研究 Ⅳ.G2-39

中国版本图书馆 CIP 数据核字(2022)第 197646 号

责任编辑:徐胡乡 责任校对:鄢春梅 版式设计:马 佳

出版发行:**武汉大学出版社** (430072 武昌 珞珈山)
(电子邮箱:cbs22@ whu.edu.cn 网址:www.wdp.com.cn)
印刷:湖北恒泰印务有限公司
开本:720×1000 1/16 印张:13.5 字数:192 千字 插页:2
版次:2022 年 12 月第 1 版 2022 年 12 月第 1 次印刷
ISBN 978-7-307-23378-2 定价:47.00 元

摘　　要

　　近年来，随着网络技术的发展和移动终端的普及，各类有声书平台得以产生并迅速发展。用户是有声书平台发展的生命线，了解用户行为是平台满足用户需求的基础。在学术研究中，目前对有声书平台的探讨则主要集中于有声书平台行业发展状况或盈利模式等方面，关于其用户行为的研究鲜有人涉及，而用户行为是决定有声书平台发展的关键。有声书平台用户使用行为过程较为复杂，往往是先认知、接触平台，再到频繁使用，养成使用习惯，而后对平台内容产生付费意愿或行为。因此，本研究按照消费者决策形成机制和消费者行为相关理论，解构了有声书平台用户使用行为，将其划分为采纳行为、持续使用行为和内容付费行为三部分，并依据理论和使用情景构建影响因素模型，进而对三组模型进行实证分析，找出影响因素之间的关系，并在此基础上为处于不同发展阶段的平台企业提供运营策略。

　　首先，本研究聚焦有声书平台用户行为研究的基本概念和理论问题。在阐释了有声书平台的概念及其特征之后，梳理了理性行为理论及其应用，消费者行为理论和行为模式，为后续研究奠定了基础。

　　其次，就有声书平台用户采纳行为影响因素而言，本研究基于用户访谈内容，参考技术接受理论模型、任务/技术匹配度理论模型，构建了由听书需求、有声书平台功能、任务/技术匹配度、绩效期望、努力期待、社会影响、个人创新意识等影响因素组成的理论模型，并通过实证方法检验了各影响因素之间的关系。

再次，关于有声书平台用户持续使用行为影响因素的分析，本研究根据用户访谈内容，借助期望确认理论模型、信息系统成功理论模型，构建了由期望确认度、感知互动性、感知有用性、感知娱乐性、满意度、习惯、系统兼容性、服务质量、界面质量、内容质量等影响因素组成的理论模型，并通过实证方法检验了各影响因素之间的关系。

又次，涉及有声书平台用户内容付费行为影响因素的讨论，本研究提取用户访谈内容，再融合计划行为理论模型、精细加工可能性理论模型，构建了由信息质量、在线评价、感知价格、个人付费意识、付费态度、感知行为控制、付费意愿、试听体验等影响因素组成的理论模型，并通过实证方法检验了各影响因素之间的关系。

最后，本研究阐释了三组理论模型间的内在关系，充分考虑了有声书平台企业需求的差异性，根据不同应用场景提出了具有针对性的运营发展策略，避免了营销管理同一化的局面。其为后续研究者提供了具有参考价值的全新理论依据，亦为有声书平台的发展提供了强有力的理论支撑。

目　　录

图 目 录

表 目 录

1 绪　　论

1.1　选题背景与意义

随着互联网技术的发展和移动终端的普及，社会各业都面临着技术、服务和营销等全方位的革新。诸多传统行业紧跟时代步伐，借助互联网的力量，探索新的发展道路，为行业注入新的活力。在此趋势下，有声书产业迎来了新的发展契机，当前诸多企业将互联网技术与传统有声书相融合，打造有声书平台，为公众提供有声阅读服务。各类有声书平台拓展了听书渠道，吸引了更多用户群体，也成为推动全民进行深入阅读的重要力量。同时，国家层面也开始关注有声书产业的发展。2014 年，首个"中国听书作品反盗版联盟"成立；2016 年，广电总局和工信部联合发布了《网络出版服务许可证》，规定有声书作为国家公共文化建设项目，有声内容可进入公共图书馆以及盲人图书馆等特定文化领域。在此大环境下，研究有声书平台及其用户使用行为的影响因素，具有重要意义。

1.1.1　选题背景

(1) 用户场景化收听需求旺盛

语音作为人类交流最自然的方式，比文字和图像更具天然优势。有声

1

书作为具有较强伴随特性的媒介，摆脱了场景的限制，文字、视频都需要用眼睛看，而有声书可以将"听"用于双眼被占用的场景中。这种语音的高附着性与伴随性，使得音频传播价值得到凸显。各类有声书满足了用户日益丰富的碎片化与场景化收听需求，聚拢了大量用户，使得人们的阅读习惯发生变化。

有声书迎合用户多场景的收听需求主要体现在用户上下班出行、休息间隙、驾车等场景，有声书成为用户碎片化时间的主要占领者。在图书阅读场景转移的同时，听书成为一种摆脱时间空间限制、获取知识的便捷方式。4G、5G 等移动网络的发展更是加速了移动音频的传播效率，为用户收听高品质的有声书音频提供了更好的网络解决方案，大数据技术的成熟，也为用户精准推送音频内容提供了技术支持。由此，用户除了使用手机收听音频内容外，不少有声书企业还推出智能硬件类产品，丰富用户收听的应用场景，并延长用户的收听时间。有声书出版公司 Author's Republic 的 Meaghan Sansom 认为，车载娱乐设备、飞机以及 Apple TV 等电视应用软件平台大大拓展了有声书的收听渠道，会进一步推动有声书的销售。为满足用户场景化的收听需求，有声书 APP 将音频内置到汽车、智能家居、可穿戴设备之中，从而满足不同群体的收听需求，充分发挥了有声内容的伴随性特征。

可以看出，互联网环境下用户比过去更加习惯于多任务执行——有声书把阅读完美地融入用户生活场景。正如罗伯特·斯考伯在《即将到来的场景时代》（*Age of Context：Mobile，Sensors，Data and the Future of Privacy*）一书中提到的，在未来 25 年里互联网将迈入场景时代，场景时代的五种技术趋势：传感器、社交媒体、可穿戴设备、定位系统以及大数据，即"场景五力"，其将重塑整个人类生活和商业模式。这种移动设备支持下的场景化收听是一种沉浸式的浅收听，让用户就像听音乐一样听书，以"知道"为目的，不作深度探究与思考，契合了现今用户从日常压力中追求放松的状态，也满足了用户娱乐性、实用性的收听需求。

（2）有声书产业规模倍增

有声内容的高附着性与伴随性，使得音频的传播价值得到凸显。国外语音分析创业公司 VoiceLabs 发布的《2017 语音报告》(*The* 2017 *Voice Report*)指出，开发者对语音交互应用的热情很高，仅半年时间亚马逊 Alexa 的技能(相当于智能手机上的 APP)数量就增长了 500%，总量超过 7000 个，涵盖娱乐、办公、健康、新闻、天气、教育、家居等十余个类型。国外有声书也是出版领域内增长最快的板块，美、英、德等国的有声书用户规模、品种、市场份额等都在近五年里保持了很高的增速。就我国有声书市场来说，如图 1.1 所示，从 2012 年到 2016 年，我国有声书市场的产业规模从 7.5 亿元上涨至 22.6 亿元人民币，呈现倍数增长的趋势。①

图 1.1　2012—2018 年中国有声书市场规模及规模预测

我国有声书听众规模目前已突破 1.3 亿，仅喜马拉雅平台每月在线活跃人数就有 4500 万，其有声书每天有 800 万次左右的播放量，每天累计收

---

① 易观智库：2016 中国有声阅读市场专题研究报告［EB/OL］. ［2017-9-5］. http：//www. sohu. com/a/65139167_158013.

听 250 万小时。① 在"互联网+"战略和"全民阅读"政策的推进下，众多出版业内机构和互联网企业纷至沓来，加速了有声书产业内的布局。有声书平台作为当前有声书产业的主力军，发展前景可观。伴随私家汽车和移动互联网的普及，有声书平台也进入了快速发展的轨道。巨额资金的注入、各类企业的重视，围绕有声书平台的合作项目与推广活动剧增，都预示着其良好的发展前景。随着儿童类、科幻武侠类、人文思想类等细分领域在有声书产业内不断增长，有声书平台发展呈现多元化局面，从业务领域细分来看，国内的有声书市场可分为：人文社科类，如静雅思听；少儿教育类，如宝宝晚安故事；科幻武侠类，如氧气听书等。有声书用户需求有着明显的差异性，这推动着产业内部更加细分，客观上促进了市场规模的持续增长。

(3) 有声书平台竞争激励

有声书巨大的商业潜力和市场规模，吸引着各类企业蜂拥而至，有声书创业项目逐渐遍地开花。2010 年左右，音频内容市场初露端倪，一些企业开始默默耕耘，行业处于蓝海阶段。2012 年，各有声书平台集中上线，其中一些已经成为业内主流，如喜马拉雅 FM、蜻蜓 FM、懒人听书、氧气听书等。2014 年，随着入场者不断增加，不少企业陆续获得数额不等的风险投资，红海味道渐浓，竞争开始激烈。2015 年至今，主流有声书平台竞争白热化，经过几年的市场竞争，平台间的距离逐渐被拉开，所占市场份额也出现明显差距，市场格局初步显现。

据调查，我国现有近 200 款各类有声书类 APP 与 200 家有声书网站，而且还在逐步增加。② 如音频聚合平台蜻蜓 FM、喜马拉雅 FM 等，依托于

---

① 艾瑞咨询. 2016 中国在线音频行业研究报告［EB/OL］. ［2017-9-5］. http：//www.iresearch.com.cn/report/2685.html.

② 殷爽. 移动互联网时代我国有声读物的发展探析［J］. 视听，2017(2)：58-59.

传统电台的阿基米德 FM、听听 Radio 等，基于网站发展起来的企鹅 FM、豆瓣 FM，以及专业化的听书客户端懒人听书、氧气听书等。排名前四位的喜马拉雅 FM、蜻蜓 FM、考拉 FM、荔枝 FM 占据了 72.3% 的市场份额。[①] 其中位居第一的喜马拉雅 FM 用户已突破 2.8 亿人，用户超过 2 亿的还有蜻蜓 FM、懒人听书。

1.1.2 研究意义

(1) 理论意义

国内外关于视觉阅读的研究较为丰富，而听觉阅读的研究相对匮乏，且集中在定性分析层面，多数研究侧重于国内外有声书市场发展态势，或有声书传播特点、盈利模式研究，关于有声书平台用户情况的研究则鲜有人涉及。本研究在借鉴信息系统平台用户使用行为的基础上，结合有声书平台用户使用的特殊情境，增加了诸多影响因素，构建出用户采纳行为理论模型、用户持续使用行为理论模型和用户内容付费行为理论模型，完善了相关理论研究，以期为后续研究者提供理论参考。

(2) 实践意义

有声书平台能否从激烈的市场竞争中脱颖而出，达到预期的商业价值、社会价值，关键在于用户的争夺，吸引用户采纳有声书平台，增加用户的使用黏性形成稳固的用户群体，进而通过用户的内容付费行为构建稳定的盈利模式来实现用户变现的目标。不同发展阶段的有声书平台企业有着不同的用户需求，所以，在研究过程中，只有解构有声书平台用户使用

---

① 艾瑞咨询. 2016"互联网+"大背景下的移动音频市场分析［EB/OL］.［2017-1-20］. http：//www. askci. com/news/hlw/20160718/16535043116. shtml.

行为，根据具体情境将用户使用行为细化为采纳、持续使用和内容付费行为，才能够全面、准确地把握用户使用行为，从而有针对性地制定运营发展策略，为有声书平台未来发展提供助力。

1.2　研究综述

考虑到有声书平台仍属于有声书这一大范畴，且目前学界研究没有刻意地对两者进行区分，因而探讨有声书相关文献对本研究具有一定的借鉴意义和参考价值。

1.2.1　有声书及其平台研究

从宏观上来看，国内外关于有声书的研究相对较少，且主要集中于有声书发展历程、市场状况、盈利模式和听书效果等，具体如下。

(1) 有声书发展历程研究

现代有声书起源于西方，国内学者在研究有声书发展历程时多以美国或者欧洲有声书发展历程作为起点对有声书进行梳理和分析。鉴于有声书研究还处于初级阶段，对有声书发展历程的梳理是此阶段的重点。

人们对有声书并不陌生，实际上在中西方的发展历程中，都出现了听有声书的实际场景，只是在形式和载体上与现代意义上的有声书有差异，但本质上都是通过口述的方式将文字内容转述给听众。张远帆认为，听有声书这种知识获取形式早在碟片、磁带等音频载体出现之前就已经存在，西方有声书诵读的传统应该是源于基督教教徒诵读《圣经》布道，而中国的有声书则起源于茶馆的说书表演，前者在朗诵《圣经》时处处遵照原著，后者则是对历史故事、各地风俗和民间传说进行艺术演绎，再绘声绘色地说给群众，中西方有声书朗读出现的意义相同，都是为了降低阅读门槛，以便在底层识字率不高的人群中广泛传播。①

20 世纪初期，现代意义上的有声书正式出现，它的出现并不是源于大众消费的驱动，而是作为公益性产品出现，主要是给在战争中失去视觉阅读能力的士兵提供听觉阅读产品。1920 年，英国皇家盲人学院开始为在"一战"中失明的士兵制作有声书，最早出现的有声书是阿加莎·克里斯蒂的《东方快车谋杀案》和约瑟夫·康拉德的《台风》，由于受到技术的限制，一张唱碟仅能收录 25 分钟的录音内容，制作一部小说需要 10 张唱碟。② 在 1931 年，美国盲人基金会和美国国会图书馆为了保证目盲退役军人的阅读需求，开始向他们提供有声书。③ 1932 年美国作家海伦·凯勒和埃德加·爱伦·坡的作品《中流》《乌鸦》分别被制作成有声书。1934 年，莎士比亚的部分经典作品与《圣经》《独立宣言》一起被制作成有声书向有阅读障碍的读者开放。④ 在当时的技术条件下，有声书价格较高，且收听设备限制了普通家庭使用，在此期间，图书馆成为向公众提供有声书服务的主要场合。⑤

研究者普遍认为商业化的有声书最早出现于美国。"二战"后，科研、文化人才大量流入美国，科技与文化繁荣，加之商业化的市场氛围，都刺激了美国出版业的发展，在此背景下，具备商业性质的有声书诞生。1952年，芭芭拉·赫德瑞兹和玛丽安娜·罗尼在纽约创办了一家名为凯德蒙（Caedmon）的有声书公司，郭楠等学者视之为商业化有声书的开端。⑥ 此后，在美国国内陆续出现了一批经营有声书的出版公司。有声书市场也随之持续增长，题材不断拓宽，内容不断丰富，形式开始多样化，用户群剧

① 张远帆. 从欧美的发展历程看中国有声书市场的可能性[J]. 出版广角，2016(20)：23-25.

② 王永杰. 美国有声书业纵览[J]. 中国出版，2007(3)：54-56.

③ 王睿. 浅述欧美有声书产业的发展情况[J]. 中国编辑，2017(7)：68-73.

④ 庄廷江. 美国有声书出版与发行模式探析[J]. 出版发行研究，2017(2)：89-92，105.

⑤ 王永杰. 美国有声书业纵览[J]. 中国出版，2007(3)：54-56.

⑥ 郭楠. 我国有声读物市场研究[J]. 编辑之友，2009(2)：22-24.

增。随着技术的变革与发展，有声出版物的介质亦不断得以更新、变迁。至 1963 年，荷兰飞利浦公司研发出轻便、耐用的盒式录像带，并迅速普及，有声书便开始以磁带形式出现。在 20 世纪 70 年代，美国生产制作有声书的公司达到 7 家，但是磁带版有声书依然价格不菲，一套 12 盒磁带有声书价格在 300 美元左右，公共图书馆开始向社会读者提供以磁带为载体的有声书租赁服务。①

　　1983 年 CD 光盘出现，它依靠着优良的音质和更好的耐用性逐步占领了一定的市场，有声书也开始以 CD 形式出现。至 1984 年，美国总共只有 11 家有声书制作公司，最大规模的公司也只有 200 种数目而已，但是随着家用车的流行以及盒式播放机的普及，有声书再次迎来发展契机，一些大型出版商，如兰登书屋、哈珀等开始关注有声书市场并成立专门的有声书部门，以供车载市场的需求。与此同时，有声杂志、有声报纸也开始出现在市面上，美国有声书市场进一步扩大，至 1985 年，仅仅制作公司就达到了 21 家，因此有声书行业管理协会应运而生，1986 年，有声书出版商协会（Audio Publishers Association，APA）成立，该组织为由有声书制作商、发行商、零售商等组成的非营利性行业协会，致力于维护有声书出版商的共同利益。APA 的宗旨在于制定策略促进有声书产业正常发展，该协会每年都会发布有声书产业年度统计分析报告，指导产业发展。② 至 1987 年，美国有声书规模达到 2 亿，约 75% 的实体书店开始售卖有声书。1994 年，世界第一家有声书书友俱乐部成立，有声书用户人数不断增加，社会影响力也随之提升，到 1996 年，美国有声书出版商协会专门设立了有声书的奖项，颁布时间在每年美国国家书展期间，也被业界称为有声书业奥斯卡，享有极高的荣誉。

　　1997 年，有声书巨头 Audible 公司推出数字听书播放器，至 1998 年，美国有声书公司达到 40 家，有声书行业从青涩走向成熟，载体也呈现出多

---

① 王睿. 浅述欧美有声书产业的发展情况[J]. 中国编辑，2017(7)：68-73.

② 陈洁，周佳. 使有声书成为数字出版的中流砥柱——我国有声书产业发展现状与策略研究[J]. 出版广角，2015(4)：22-26.

形态并存的局面。① 2002 年后，CD 这种载体开始普及并成为有声书的主
要媒介，其市场份额一度达到 70%，这预示着有声书开始走向数字化道
路。后又随着互联网的发展和移动应用普及，以磁带、CD 等为载体的有
声书在 2009 年后逐渐退出市场，到 2013 年数字有声书已经占领大部分市
场份额。② 至 2015 年，美国有声书销售总额度达到 17.7 亿美元，成为美
国图书市场增长最快的板块。

德国的有声书产业同样繁荣发达，国内学者的研究也多有涉足，张建
凤认为德国人的听书起源较早，脱胎于中世纪的诗歌比赛，直至 18 世纪，
诗歌比赛演化为听书大会。③ 张杰认为，德国现代意义上的有声书起源跟
美英两国类似，初始目标都是为战后目盲伤员提供有声阅读资源。1954
年，德国盲人研究机构在马尔堡建立了第一家盲人图书馆，并且慕尼黑剧
院的所有话剧演员参与了德国第一批有声书的录制工作。④ 至 2016 年，德
国有 400 家出版社生产 2.5 万种有声书，德国人更加钟爱 CD 版的有声书，
CD 版本在市场份额中占 70%~75%。

相较于欧美，我国现代有声书发展较晚，但是随着移动互联网的普
及，近年来网络平台的有声书发展迅速。大多数研究者认为我国的有声书
发端于 20 世纪 90 年代。⑤⑥⑦ 1994 年，由高等教育出版社制作的《世界名
著半小时》《中国名著半小时》系列，拉开了我国现代有声书制作的序幕。
1995 年，中国唱片总公司出版《鲁宾逊漂流记》《十日谈》等名著题材的有

---

① 胡海燕. 美国有声读物的发展对我国的启示[J]. 新闻研究导刊, 2015, 6
(24)：191, 194, 196.

② 贺钰滢. 奥德博有声出版公司研究[J]. 出版科学, 2016, 24(1)：90-95.

③ 张建凤. 欧美有声书发展现状、原因与服务类型[J]. 科技与出版, 2017(5)：
89-94.

④ 张杰. 德国有声书市场发展现状及营销策略分析[J]. 出版发行研究, 2016
(1)：91-94.

⑤ 郭楠. 我国有声读物市场研究[J]. 编辑之友, 2009(2)：22-24.

⑥ 李秀丽. 移动互联时代有声书的开拓与走向[J]. 编辑之友, 2017(6)：19-22.

⑦ 詹莉波. 互联网时代我国有声读物的新发展[J]. 编辑学刊, 2010(4)：86-88.

声书，受到市场的热烈欢迎。①

　　21 世纪以后，国内互联网和家用电脑开始普及，有声书收听网站走入大众视野。2000 年，北京鸿达以太有限公司研发并推出了 MP3 格式的有声读物，并于 2003 年创办国内第一家专业有声书网站"听书网"，此后国内有声书网站开始频繁上线；2003 年，新华书店总店也参与到有声书制作中，它与北京金典雅风文化发展有限公司合作共同组建了北京新华金典音像有限责任公司，专门打造有声书。2005 年，第一家车载有声书公司——"一路听天下"成立。② 2000—2011 年，有声书主要在台式计算机听书网站上进行传播。此阶段是我国有声书成长阶段，在此期间，诞生了"听书网""天方听书网""静雅思听"等知名的听书网站。2011 年之后，随着智能手机诞生、移动互联网普及，各类听书应用纷纷创建，成为有声书市场一支新的力量。③ 2014—2017 年是有声书平台发展最快的时期，喜马拉雅 FM、蜻蜓 FM 等多家有声书公司获得多方投资，发展势头强劲。2015 年，中国出版集团数字传媒有限公司开发有声书客户端"去听"，它的定位是与纸质版图书相结合，是纸质书的"内容增强"，为看纸质书的人提供阅读便利。④ 目前，我国各类听书网站和听书类应用各 200 余款，有声阅读用户规模已突破 1.3 亿。并出现了各类专业化程度更高的有声书平台，如车载听书、老人听书、少儿听书、佛教听书等专业化听书应用，以及畅销书或畅销作家的专门听书应用或者网站，如古龙听书、金庸听书等。⑤

---

① 常晓武. 我国有声读物的市场空间[J]. 编辑之友，2004(4)：30-32.

② 金强，贾晓婷. 车载有声读物的发展现状及前景分析[J]. 出版科学，2012，20(5)：61-67.

③ 杨航. 我国"听书"产业在网络下的发展和标杆性策略分析[J]. 编辑之友，2011(8)：73-76.

④ 罗茜. 我国有声读物平台研究[D]. 南京：南京大学，2017：16.

⑤ 陈洁，周佳. 使有声书成为数字出版的中流砥柱——我国有声书产业发展现状与策略研究[J]. 出版广角，2015(4)：22-26.

(2) 有声书受众研究

有声书诞生之初主要是服务盲人等缺乏视觉阅读能力的人，随着科技进步和社会发展，有声阅读的用户群逐步扩大，用户群越分越细。国内研究者普遍将有声书受众分为三类：

一是缺乏文本阅读能力的人，盲人、有阅读障碍的人群以及少年儿童、老年人属于这一类。第一，有声书诞生的初衷就是服务于目盲者，时至今日，有声书依然为此群体提供教育、娱乐、资讯等方面的服务，我国现有目盲者大约 1000 万，群体庞大，有声书依然是为之提供阅读保障的基础。第二，儿童。儿童由于身体、智力发育不成熟，视觉阅读能力有限，加之少儿图书的价格高、利用率低，听童话故事的阅读方式更适合他们，教育学研究者认为听书配合看书，能给孩子提供更为高效的学习方式，越来越多的家长愿意为孩子选择有声书。① 第三，我国老龄化社会到来，老龄人的视力较弱，他们也需要声音的陪伴以减弱心中的孤独感。对他们而言，有声书是很合适的选择。

二是缺乏文本阅读条件但有特定空闲时间的人，这类人群主要包括开车族、上班族、运动族、家庭主妇等。金强、贾晓婷认为，人们生活压力加大，阅读时间被大量挤占，传统的阅读形式不能满足所有人的需求，而有声书可以帮助人们利用空闲时间完成阅读任务。很多人希望读书，但是时间过于零碎，无法腾出整块的时间去阅读，他们会采用听书的方式获得知识。开车族无法腾出眼睛看纸质文本的书，但在开车时可以有效利用耳朵去听书。② 施佳佳觉得上班通勤者往往生活节奏较快，会在等车、坐车的途中进行有声阅读，以便给自己充电；运动者无论是在室内还是室外，都可以利用移动终端收听有声书；家庭主妇在做家务的时候，不能进行视

---

① 詹莉波. 互联网时代我国有声读物的新发展[J]. 编辑学刊，2010(4)：86-88.
② 金强，贾晓婷. 车载有声读物的发展现状及前景分析[J]. 出版科学，2012，20(5)：61-67.

觉阅读，但可以进行听书活动。①

三是对有声书感兴趣的人。杨航认为，小说爱好者、网游玩家也是有声书的受众，在众多有声书网站上，网络小说、网游同名小说的有声书版本下载量屡居前端。若能重视这块用户的需求，有声书行业则能获得更大的发展前景。② 谈苹认为，有声书受众中还应该包括对有声书感兴趣的人，例如高校学生，他们乐于接受新兴的事物，若是有声书内容足够吸引他们，他们也会成为有声书的用户。柯佳秀、章小童、邓小昭用量化的方式分析了高校学生听书的影响因素，认为绩效期望、社群影响、便利条件、感知成本与个人创新性都能对高校学生的听书行为意向产生正向影响。③

国内外也有学者从实证角度分析了听书群体行为意向的影响因素，如 Nasmith W 等研究视障老年人群对有声书的使用意向，并进行实证研究，结果显示，视障老年人对新技术或改变阅读方式并不害怕，他们持积极的接受态度，而并非人们刻板印象中不愿改变的老年人，他们大多数人对数字版有声书表示接受。④ Oyewusi L M 对尼日利亚大学的 200 名大学生进行了一项关于使用有声书来辅助学习的意向调查，发现尼日利亚学生倾向于边看纸质书边听有声书。⑤ Loiacono E T 等探究了影响视障用户接受听书网站与音乐网站的因素，在技术接受模型的基础之上构建了一个由感知便利性、感知可靠性、感知有用性与感知易用性等影响因素构成的听书网站与

---

① 施佳佳. 数字出版时代我国有声书发展的新契机[J]. 现代视听，2015(3)：18-21.

② 杨航. 我国"听书"产业在网络下的发展和标杆性策略分析[J]. 编辑之友，2011(8)：73-76.

③ 柯佳秀，章小童，邓小昭. 新媒体环境下大学生听书行为意向影响因素研究[J]. 图书情报工作，2017(10)：101-109.

④ Nasmith W, Parkinson M. Senior Citizens Embrace Change and Make a New Technology Work for Them[J]. The Electronic Library, 2008, 26(5)：673-682.

⑤ Oyewusi L M. Auduio Books in the Nigerian Higher Educational System：To be Adopted or not to be Adopted[J]. African Research Review, 2009, 3(4)：372-378.

音乐网站使用行为意向模型。① 并且认为，最广泛使用的模型并不能预测视障用户的采用行为。有视觉障碍的人决定重新访问一个网站，主要原因是它的可访问性以及易用性和实用性。Milani A、Lorusso M L、Molteni M 研究了青少年阅读有声书的情况，发现收听有声书的青少年与不听有声书的同龄人相比，阅读准确率有了显著的提高，减少了不安的情绪，增强了学生的积极性和参与学校活动的积极性。②

(3) 有声书特性研究

有声书与传统的纸质图书、电子图书相比有较大的区别，有声书隶属于有声阅读范畴，除了它的制作流程要比常规图书多出"演播者录音"这部分外，它更符合人们对个性化、便捷性阅读的需要。③ 与纸质图书、电子图书相比，有声书具有以下特性。

大部分研究者认为支持"多任务属性"是有声书最大的特点，这也是它抢占市场、赢得用户的基础。中国社会科学院发布的《中国新型城市化报告 2012》统计，中国有 50 个城市的居民出行时间超过 30 分钟，而像北上广深等城市的居民出行时间达到 50 分钟以上。而在现实生活中，因为各种原因，人们上下班往往需要花费更多的时间。李丽宾认为，有声书在填补大众碎片化时间上有着独特的优势，有声书超强的伴随特点让大众在等公交、吃饭和入睡前都可以收听。有声书不占用人们的触觉和视觉，很大程

① Loiacono E T, Djamasbi S, Kiryazov T. Factors that Affect Visually Impaired Users' Acceptance of Audio and Music Websites［J］. International Journal of Human-Computer Studies, 2013, 71(3): 321-334.

② Milani A, Lorusso M L, Molteni M. The Effects of Audiobooks on the Psychosocial Adjustment of Pre-adolescents and Adolescents with Dyslexia［J］. Dyslexia, 2010, 16(1): 87-97.

③ 史秋雨. 中国有声读物研究综述［J］. 图书馆论坛, 2012, 32(4): 32-35, 20.

度上解放了人们的活动范围与选择，很适合碎片化阅读场景。①

(4) 有声书使用效果研究

还有一些学者认为，有声书可以激发阅读兴趣，提高阅读效果及欣赏水平。刘宝华指出，演播者的声音与文本的结合，通常可以带来令人意想不到的奇特效果，它们将艺术与文字相融合，既能免去查找生僻字的烦恼，又能带给用户听觉享受。② 孙绪芹认为，通过朗读书本内容，打造一种"在场感"，声音中往往饱含了"文字的力量"，释放出直抵灵魂、打动人心的力量，使听者受到触动，从而促进听众阅读纸质版的欲望。③ 陈恩满认为，少年儿童的有声书内容往往很精彩，由不同的演播者分演不同的角色，使得人物的性格更加鲜明简洁，使得少年儿童产生丰富的联想，激起进一步的阅读欲望。④

Whittingham J、Huffman S、Christensen R 等研究发现，在图书俱乐部里加入有声书，能够对学生的阅读生活产生积极的影响。他们对阿肯色州的阅读基准考试进行分数分析发现，收听有声书的学生的考试成绩明显提高。⑤ Marchionda D 认为，建立有声书俱乐部能提高在校大学生的阅读技巧

---

① 李丽宾. 新技术开启全新的阅读方式——听书[J]. 情报探索，2007(5)：14-15.

② 刘宝华. 图书馆的人文关怀——建立"听书室"的思考[J]. 科技信息(科学教研)，2007(32)：273，80.

③ 孙绪芹. 我国数字有声出版现状及启示：以《朗读者》为例[J]. 编辑之友，2017(7)：13-16.

④ 陈恩满. 农村留守儿童有声读物阅读推广研究[J]. 农业图书情报学刊，2017(10)：127-130.

⑤ Whittingham J, Huffman S, Christensen R, et al. Use of Audiobooks in a School Library and Positive Effects of Struggling Readers' Participation in a Library-Sponsored Audiobook Club[J]. School Library Media Research, 2013(16)：18.

和能力。① 这项研究证明了有声书的使用可以使读者的技巧和态度得到改善。如果有声读物的使用可以使那些苦苦挣扎的读者受益，那么教育工作者将会拥有另一种教学方法来帮助那些读者提高他们的阅读技巧和态度。Serafini F 认为，很多研究都证明了收听有声书对推动学生的阅读大有帮助，认为有声书会教给学生新的词汇和概念，并促进学生接触到他们无法独立阅读的文学作品。他指出，有声书是全面阅读计划的重要组成部分，有声书的普及会促进学生扩大阅读面。② Renee Michelet Casbergue 和 Karen H. Harris 声称，有声书有助于让学生们顺畅地阅读各种各样的文学作品，从而使阅读更加愉快。Esteves K J、Whitten E 和 Carbo M 的研究表明，收听有声书的学生的阅读流利程度比未收听有声书的学生高出很多，该研究建议教师在培养学生阅读能力时可以辅助有声书以达到目标。③④

(5) 有声书技术研究

国外关于有声书技术的研究相对较为丰富。有声书需要技术的支持，从唱片、磁带、CD 到数字格式，有声书的载体也随着科技的进步而发展。国外有声书研究中有很多关于有声书技术和标准的探讨。Engelen J J 介绍了当前市面上有声书的格式标准。他认为，在为阅读障碍者准备的有声读物生产领域中，Daisy 标准非常普遍。⑤ 但是商业有声书出版商不使用

---

①　Marchionda D. A Bridge to Literacy：Creating Lifelong Readers through Audiobooks ［J］. AudioFile，2001，10（2）：19-21.

②　Serafini F. Audiobooks and Literacy：An Educator's Guide to Utilizing Audiobooks in the Classroom［M］. New York：Listening Library，2005：21-35.

③　Esteves K J，Whitten E. Assisted Reading with Digital Audiobooks for Students with Reading Disabilities［J］. Reading Horizons，2011，51，1（4）：21-40.

④　Carbo M. Teaching Reading with Talking Books［J］. The Reading Teacher，1978，32（3）：267-273.

⑤　Engelen J J. A Rapidly Growing Electronic Publishing Trend：Audiobooks for Leisure and Education［J］. Elpub，2008：61-65.

Daisy 标准，而是依靠几种其他的格式来承载有声书：第一，标准音频 CD 文档。主要是因为 20 世纪 80 年代起 CD 格式普遍流行。第二，MP3 格式，该格式储存时间较长，适合作为有声书载体。第三，DRM 格式，奥德博等大型有声书出版商倾向于推 DRM 格式文件，该格式对版权保护能起到有效作用。第四，aa 格式。此格式也是由奥德博公司开发，这种格式能够适用于不同的质量级别。第五，MP4 格式。苹果 itunes 主要使用 MP4 格式，它能在非 iPod 播放器上使用。

Furini M 认为，有声出版市场增速惊人，但是有声书仅限于被动的听众。[①] 他提出一种将被动听众转化为故事导演的新方法。通过将交互性引入数字有声图书，用户可以与故事情节进行交互，并根据用户的选择进行开发。他提出以透明和安全的方式制作交互式有声书的体系结构。透明度是通过使用音频流的 AAC 格式，音频描述用 mpeg7-ddl 格式。他认为这种方式能够使有声书不被非法使用，并避免任何可能的内容恶意修改，同时也能完成交互性的设计。Anguera X、Perez N、Urruela A 等讨论 TTS（Text To Speech）技术在有声书中的应用，他们提出一个 audiobook-to-ebook 的系统以适应 TTS 技术。此系统能校准系统基于文本的音频对齐算法，并增强了它的功能。并用实证研究表明，静音滤波算法能提升 TTS 技术的精准度，以增强声音效果。[②]

(6) 有声书存在的问题以及对策研究

在移动互联网时代，有声书的发展才刚刚起步，在它的发展过程中难免遇到一些困难。国内研究者对此进行讨论并提出了一些建议。

---

① Furini M. Beyond Passive Audiobook：How Digital Audiobooks Get Interactive[C]// 2007 4th IEEE Consumer Communications and Networking Conference，2007：971-975.

② Anguera X, Perez N, Urruela A, et al. Automatic Synchronization of Electronic and Audio Books Via TTS Alignment and Silence Filtering[C]// IEEE International Conference on Multimedia and Expo. IEEE，2011：1-6.

①版权问题。版权问题一直困扰着我国出版界，有声书也不例外，盗版、非法传播等都会破坏我国有声书产业的健康发展。孟丹丹把有声书版权问题归结成三个方面：一是版权边界不清，有声书的版权与常规图书有所不同，它包括文字版权和音频版权两个部分。现在很多有声书平台没有明确的版权说明，对稿件著作权人、演播者权益的划分不明确，以致给盗版和非法利用的机会。① 二是盗版严重，国内有声书平台取得"信息网络传播视听节目许可证"的并不多，有声书市场上超过九成的听书平台利用盗版扩张内容资源，尤其是用户自动上传的内容中，盗版占据大部分。三是国内尚未出台有关音频版权保护的相关法律条款，加之盗版商低廉获取有声资源，导致盗版资源猖獗。② 对于此现象，国内学者也提出了一些建议，杨航认为，我国应该加强网络类型的司法管理，杜绝不良有声书的传播。③ 詹莉波、胡昌华等建议数字有声产品都采用 DRM 版权保护技术，以防止用户在购买有声内容后，利用不法手段复制有声书产品或者转化格式。④⑤

②质量问题。质量问题是有声书发展的重要障碍。完成一部有声书作品，需要对文本进行改编、选择演播者、进行后期制作等步骤，一部高质量的有声作品更需要精雕细琢。闫伟华、申玲玲认为，当下我国有声书整体质量不高，大量暴力、低俗内容涌入有声书市场，加之录制、后期制作水平较低，这使得听众提不起购买欲望和收听兴趣。⑥ 郭楠认为目前国内的很多有声书是通过影视作品剪辑而成，效果不好，达不到吸引听众的效

① 孟丹丹. 移动互联时代有声读物的发展现状、问题与对策[D]. 开封：河南大学，2016：19-23.

② 傅乃芹. 移动互联时代有声读物发展潜力研究[J]. 中州学刊，2015(6)：174-176.

③ 杨航. 我国"听书"产业在网络下的发展和标杆性策略分析[J]. 编辑之友，2011(8)：73-76.

④ 詹莉波. 互联网时代我国有声读物的新发展[J]. 编辑学刊，2010(4)：86-88.

⑤ 胡昌华. 发现听书市场的蓝海[J]. 出版参考，2009(5)：8-9.

⑥ 闫伟华，申玲玲. 我国有声书行业的发展现状与策略研究[J]. 出版发行研究，2017(2)：42-45.

果。网络平台使有声书制作技术门槛降低，加之 UGC 模式的鼓动，凡是对录有声书感兴趣的人都可以上传自制有声作品，在审核管理不严的情况下，经常出现质量低劣的有声内容。罗茜从技术和经济两个角度分析了有声书质量问题产生的根源。从技术角度来讲，我国有声书内容生产未制定出规范的标准，专业演播者缺乏，后期制作团队稀少，难免导致制作水平的良莠不齐。从经济层面来说，由于有声书行业商业化的特点，经济效益成为大多有声读物平台运营的最重要的追求，它们更重视眼前利益，而忽视长远利益，不惜牺牲品牌形象而传播一些迎合大众口味的低俗内容来争取流量，导致一些格调不高、制作粗糙的有声书出现。① 对此问题，研究者普遍从以下几个方面提出建议，闫伟华、申玲玲和曾政认为，当务之急是树立有声书品牌意识，通过签约播音团队，将生产流程正规化、系统化、品质化，逐步提升制作水准;②③ 李秀丽认为，提升有声书的质量需要重构生产机制，在激烈的竞争中，平台需要签约主播、成立专业的团队，构建起 UGC、PGC、PUGC 相结合的生产机制。④

③宣传匮乏。陈洁、周佳认为，有声书在我国还未普及，属于小众产品，缺乏足够的宣传导致它的影响力有限，相较于美国每年举行的有声书颁奖典礼、各类有声读物介绍期刊，我国此类专业媒体和活动基本没有。⑤詹莉波认为，我国国民主要通过网络平台了解有声书，而网络平台的权威性缺失，又让其他行业的人员对有声书充满质疑。⑥ 对此，研究者也提出对策，叶阳等提出创建场景化营销，让有声书与物联网融合，走进用户的

---

①　罗茜. 我国有声读物平台研究[D]. 南京：南京大学，2017.

②　闫伟华，申玲玲. 我国有声书行业的发展现状与策略研究[J]. 出版发行研究，2017(2)：42-45.

③　曾政. 巴诺网上书店有声书平台的发展经验[J]. 出版参考，2012(21)：48-50.

④　李秀丽. 移动互联时代有声书的开拓与走向[J]. 编辑之友，2017(6)：19-22.

⑤　陈洁，周佳. 使有声书成为数字出版的中流砥柱——我国有声书产业发展现状与策略研究[J]. 出版广角，2015(4)：22-26.

⑥　詹莉波. 互联网时代我国有声读物的新发展[J]. 编辑学刊，2010(4)：86-88.

生活，他还建议有声书平台应该对接社交平台，打造人际传播渠道。通过社交媒体传播渠道，刺激用户对有声书平台的关注度。①

④盈利问题。盈利是有声书行业最关心的话题，也是发展中遇到的最大障碍。我国数字有声阅读市场尚处在发展阶段，其盈利模式较为单一，还不成熟、清晰。有声读物制作费、版权费较高，普遍呈现"微利"状况。目前广告收入主要依靠广告的推送，且付费用户群体也不多。陈洁和周佳认为，CD、MP3等实体出版物是有声书收入的主要来源，有声书APP的广告也能贡献一部分的收入，用户付费的占比不高，随着用户黏度提高，付费习惯的养成，用户付费能够成为主要的盈利来源。罗茜、傅乃芹等认为，我国网民习惯于免费内容，不倾向于购买付费内容，加之有声书用户普遍收入不高，一旦遭遇收费便会望而却步。罗茜认为，制作成本高也是有声书产业盈利的一大阻碍，近年来飞涨的版权费用、专业演播者的聘用费都使得有声书平台盈利困难。对此问题，国内的学者也提出一些建议。在付费模式上，陈洁、周佳和傅乃芹认为，有声书可与无线增值服务商合作，借鉴电子书盈利模式，以流量付费的方式完成基础利润分成；或者是联合传统出版商，完善有声书的产业链，实现利润分成。②

1.2.2　用户使用行为影响因素研究

前人研究成果中关于有声书平台用户行为的文献较少，且指导意义有限，故本研究将文献研究范围扩大到信息系统的用户使用行为影响因素范畴内。

---

① 叶阳，张美娟，王涵. 有声书APP用户使用行为影响因素分析[J]. 出版发行研究，2017(7)：38-41，34.

② 陈洁，周佳. 使有声成为数字出版的中流砥柱——我国有声书产业发展现状与策略研究[J]. 出版广角，2015(4)：22-26.

（1）用户采纳行为影响因素研究

目前有关信息系统用户采纳行为的研究较多，且多以借助复合模型来完成分析，尤其以任务技术匹配模型与整合型科技接受模型的组合最为常见，这两套模型中囊括了影响用户行为的基本内外因素，包括心理动机、系统功能、心理过程因素、社会影响等。此外，社会影响理论和计划行为理论也都是研究者常用于采纳行为研究的理论，相关研究有：

在国外相关研究中，Heyang C 和 Honli T 将任务技术匹配模型与整合型科技接受模型相融合，构建移动图书馆用户采纳行为影响因素理论模型，实证分析发现，绩效期望、个人创新意识和感知信任度能够积极正向影响用户使用意图，技术任务匹配度可以通过绩效期望影响用户的使用意图。[①] Bozorgkhou N 同样将任务技术匹配模型与整合型科技接受模型相融合，研究了伊朗消费者采纳在线网站态度的影响因素。通过对 392 人的实证分析发现，努力期待、任务技术匹配度、绩效期待、社会影响和便利条件等潜在变量能够积极显著地影响用户采纳在线购物平台的态度，其中，任务特征与技术特点能正向积极地影响任务技术匹配度。[②] David Xu 从技术感知角度分析了用户采纳移动阅读平台的影响因素，实证研究结果表明，感知娱乐性、信任度、个性化、有益性等会对用户采纳移动阅读平台产生直接或者间接的影响。尤其是个性化对用户使用移动阅读平台的态度有显著的影响。[③] Haghirian P 和 Madlberger M 在研究奥地利消费者对移动

---

① Heyang C, Hongli T. Integrating TTF and UTAUT Models to Explain Mobile Library User Adoption Behavior[J]. Journal of Modern Information, 2018(1): 12-17.

② Bozorgkhou N. An Internet Shopping User Adoption Model Using an Integrated TTF and UTAUT: Evidence from Iranian Consumers[J]. Management Science Letters, 2015, 5 (2): 199-204.

③ Xu D J. The Influence of Personalization in Affecting Consumer Attitudes toward Mobile Advertising in China[J]. Data Processor for Better Business Education, 2007, 47(2): 9-19.

购物平台使用行为时，通过实证发现，移动购物平台的信息内容能影响用户的采纳意愿，此外，用户的年龄、性别、教育程度都能对用户采纳行为起到中介作用。① Koufairs M 利用心流体验和技术采纳理论构建了用户接受在线购物行为的影响因素理论模型，并通过实证分析发现，用户的感知有用性、感知易用性、注意力都能正向影响用户使用意图。② Heijden H V D 在研究用户采纳娱乐性信息系统时，构建了一组由感知娱乐性、感知易用性、感知有用性和实际采纳行为的理论模型，并通过实证研究发现，感知娱乐性、感知易用性、感知有用性三个潜在变量都能正向影响用户采纳行为。③

在国内研究中，刘莉莉在研究中国大学生采纳网络学习平台时，以TAM 模型作为基础，根据实际情况纳入任务技术匹配、自我效能、组织管理等变量，并借用社会影响和沉浸体验作为变量，研究选取两所高校的351 名大学生作为研究对象，最后发现技术特征、自我效能、沉浸体验和社会影响等变量能够直接或者间接地影响大学生的行为意向。④ 周翔在研究消费者对第三方移动支付平台的采纳使用行为时，将对用户访谈提取的影响因素纳入技术接受模型，构建了一个由社会影响、感知风险、信任、采纳行为、持续使用行为、支付情景、绩效期望、努力期待、系统质量、沉浸体验组成的用户采纳理论模型，并做出实证分析，发现理论模型中的变量均可对最终的用户采纳行为造成直接或者间接的影响。⑤ 韩超群、杨

① Haghirian P, Madlberger M. Consumer Attitude toward Advertising via Mobile Devices—An Empirical Investigation among Austrian Users [C]// European Conference on Information Systems, Information Systems in A Rapidly Changing Economy, Ecis 2005, Regensburg, Germany, May. DBLP, 2005: 447-458.

② Koufaris M. Applying the Technology Acceptance Model and Flow Theory to Online Consumer Behavior[J]. Information Systems Research, 2002, 13(2): 205-223.

③ Heijden H V D. User Acceptance of Hedonic Information Systems [J]. MIS Quarterly, 2004, 28(4): 695-704.

④ 刘莉莉. 基于技术接受模型的大学生网络学习平台意向影响因素研究[D]. 金华：浙江师范大学, 2013.

⑤ 周翔. 消费者采纳和持续使用第三方移动支付的研究[D]. 北京：北京外国语大学, 2016.

水清和曹玉枝在研究用户采纳移动阅读平台服务时，将一般技术原因、消费者心理因素、特定技术因素和社会影响作为影响用户实际行为的因素，其中又囊括了感知易用性、感知有用性和感知娱乐性等潜在变量。① 龙泽慧融合双路径模型与技术接受模型，研究了用户对社会问答网站的采纳行为影响因素，在构建的理论模型中包括中枢路径和边缘路径两个部分，包括完整性、易理解性、丰富性、新颖性、解决力等潜在变量，并通过对250 位用户的问卷调研发现完整性、易理解性、丰富性、新颖性、解决力都能积极显著地影响用户采纳行为。②

（2）持续使用行为影响因素研究

学者对于信息系统用户持续使用行为影响因素方面的研究也较为丰富，根据研究者侧重点的不同，可以归结为三大类：一是内因中心论，此观点侧重于分析用户自身内在的感觉，包括用户本身的体验性感知、需求满足因素等对信息系统用户持续使用行为的影响，此类研究多运用期望确认理论、感知价值理论、沉浸体验理论和使用与满足理论等；二是外因主导论，持此观点的学者关注外部因素和技术性因素对信息系统用户持续使用行为的影响，理论主要有网络外部性理论、社会影响理论、信息系统成功模型等；三是内外因综合影响论，此类研究将用户内在因素和外部因素同时纳入用户持续使用行为影响因素，主要以理性行动理论和计划行为理论为基础，相关研究如下。③

在国外相关研究中，Barnes S J 等以 twitter 为例研究用户持续使用微博的影响因素时，将计划行为理论作为主要模型，并将用户习惯、频繁使用

---

① 韩超群，杨水清，曹玉枝. 移动服务用户采纳行为的整合模型——基于移动阅读的实证研究[J]. 软科学，2012，26(3)：134-139.

② 龙泽慧. 社会化问答网站用户采纳行为分析[D]. 太原：山西财经大学，2017.

③ 杨善林，王佳佳，代宝，等. 在线社交网络用户行为研究现状与展望[J]. 中国科学院院刊，2015，30(2)：200-215.

的次数、感知质量、社会关系网络纳入整体模型,并通过实证分析发现,用户满意度、感知有用性、用户习惯三个变量可以直接影响用户持续使用行为。此外,用户感知质量和频繁使用次数均可以影响用户习惯。[①] Kim B S 在研究韩国消费者持续使用移动数据服务时,借助感知价值理论,构建了一个由感知有益性、感知娱乐性、社会影响、社会价值、二手资源的影响和持续使用意图,并通过实证显示功能价值、娱乐价值、社会价值能显著正向影响用户使用行为。[②] Ju T L 等在研究用户持续使用互联网行为时,融合社会认知理论和期望确认理论构建了用户持续使用互联网行为影响因素理论模型,通过对 235 名用户的问卷调研分析发现,用户满意度、自我效能、结果期待正向影响用户使用行为。[③] Alruaire M、El-Haddadeh R、Weerakkody V 在研究居民持续使用在线政务的影响因素时,借助社会认知理论和期望确认理论,构建了一个由自我效能、社会影响、结果期待、组织环境、满意度和持续使用意图构成的理论模型。[④] Almaghrabi T、Dennis C 等在研究沙特用户的持续在线购物行为影响因素时,利用技术接受模型和期望确认理论模型设计了用户在线购物意愿的影响因素理论模型,发现社会影响、感知娱乐性等能显著正向影响用户持续使用意图,而网站质

① Barnes S J, Boehringer M. Modeling Use Continuance Behavior in Microblogging Services: The Case of Twitter[J]. Data Processor for Better Business Education, 2011, 51 (4): 1-10.

② Kim B S. The User Behaviors in Mobile Data Services[J]. Korea Advanced Institute of Science and Technology, 2009, 84(7): 501-575.

③ Ju T L, Chao M C, Meng H H. Determinants of Continued Use of the WWW: An Integration of Two Theoretical Models[J]. Industrial Management & Data Systems, 2004, 104 (9): 766-775.

④ Alruwaie M, El-Haddadeh R, Weerakkody V. A Framework for Evaluating Citizens' Expectations and Satisfaction toward Continued Intention to Use E-Government Services[C]// International Conference on Electronic Government. Springer Berlin Heidelberg, 2012: 273-286.

量、信任程度能通过感知有用性间接影响用户持续使用行为。① Oghuma A
P 等研究韩国用户持续使用移动即时通信平台时，以期望确认理论为基础，
对 334 位用户进行调研，发现用户满意度能直接影响用户的持续使用行为，
感知有用性、服务质量和用户满意度对用户持续使用行为产生正向影响。②
Mingmuang C 等研究用户持续使用 PSTN 平台时，拓展初始的用户期望确认
理论，并构建一个由主观规范、价格和转化费用等组成的用户持续使用理
论模型，并通过实证发现上述潜在变量均可直接影响用户持续使用 PSTN
平台的行为。③

在国外研究中，李红霞等在讨论用户持续使用移动社交平台意愿的影
响因素时，也是以期望确认理论模型作为基础，并通过研究情景，将用户
经验、信任、习惯性和感知易用性纳入原模型，建立移动社交网络用户持
续使用意愿影响因素研究模型，通过对 273 名用户的问卷调查，最终发现
习惯性、满意度、感知有用性、信任能显著正向影响用户持续使用意向，
而使用经验和感知易用性能间接影响用户持续使用意向。④ 张聪聪在研究
用户持续使用旅游类 APP 时，借助 TAM 和 VAM 理论模型，构建了一个由
感知有用性、感知易用性、感知娱乐性、感知费用、感知风险、感知满意
度、用户持续使用意愿等潜在变量组成的理论模型，通过对 275 位用户的
问卷调研发现，用户感知有用性、感知易用性、感知娱乐性都能正向显著

① Almaghrabi T, Dennis C, Halliday S V, et al. Determinants of Customer
Continuance Intention of Online Shopping[J]. International Journal of Business Science &
Applied Management, 2011, 6(1): 24-57.

② Oghuma A P, Libaque-Saenz C F, Wong S F, et al. An Expectation-Confirmation
Model of Continuance Intention to Use Mobile Instant Messaging[J]. Telematics & Informatics,
2016, 33(1): 34-47.

③ Mingmuang C, Chongsuphajaisiddhi V, Papasratorn B. Factors Influencing
Continuance Intention to Use PSTN: A Pilot Study of an Extended Expectation Confirmation
Model for Legacy Technology[C]// Seventh International Conference on Ubiquitous and Future
Networks. IEEE, 2015: 874-878.

④ 李红霞, 李思琦. 移动社交网络持续使用意图实证研究[J]. 西安石油大学学
报(社会科学版), 2017, 26(5): 22-30.

影响用户持续使用意愿。[①]

(3)用户内容付费影响因素研究

近年，虚拟内容付费市场开始起步，在网络平台购买数字服务或产品逐渐成为常态。[②] 从目前的情况来看，我国用户中愿意为虚拟内容付费的消费者占比不高，但是随着用户个人付费意识的强化，内容收费必定成为大势所趋。[③] 对于一般商品的消费者付费意愿虽然在营销学中已经有了广泛的研究，但却不一定适用于虚拟内容的付费情景，虚拟内容的可复制性、可代替性、同质性和体验性使其具有差异性，近年来学界也对这方面开展了一些研究。[④]

Dou W 在研究消费者对购买在线虚拟内容的态度时，发现消费者会认为在线内容获得的感知利益对其更为重要，这也是显著影响消费者对在线内容的付费意愿的主要因素。[⑤] Choi J 等在研究韩国消费者对于在线付费内容付费意愿的影响因素时，发现内容产品使用结果的可感知性、满意度和社会影响是影响他们购买行为的关键因素，说明在线内容内在的特性与外在影响都能驱动付费意愿的发生。[⑥] Ye L R 等的研究结果表明，消费者

① 张聪聪. 基于 TAM 和 VAM 理论的旅游 APP 用户持续使用意愿影响因素研究［D］. 兰州：兰州财经大学，2017.

② 韩煜东. 面向商业模式创新的移动智能终端用户消费行为研究［D］. 重庆：重庆大学，2013.

③ Lopes A B, Galletta D. A Strategic Perspective of Internet Information Providers［M］// Handbook on Electronic Commerce. Springer Berlin Heidelberg, 2000：2124-2131.

④ Hanson W A. Principles of Internet Marketing［M］. South-Western College Pub, 2000：15-19.

⑤ Dou W. Will Internet Users Pay for Online Content? ［J］. Journal of Advertising Research, 2004, 44(4)：349-359.

⑥ Choi J, Sang M L, Soriano D R. An Empirical Study of User Acceptance of Fee-Based Online Content［J］. Data Processor for Better Business Education, 2009, 49(3)：60-70.

的感知价值会直接影响用户为在线服务付费的意愿，且消费者普遍认为付费的在线服务在数量和质量上比免费服务要好，才会觉得付费内容有价值，而后引起付费意愿。① Lopes A 和 Galletta D 在研究用户对在线内容的付费态度时，构建了一个由技术质量、声望、期望价值和付费意愿组成的模型，并通过对 392 名学生的调研，发现期望价值能直接正向影响用户的付费意愿，而技术质量和声望可以通过期望价值间接影响用户付费意愿。② Dutta S 在研究消费者为在线内容付费的态度时，利用理性行为计划理论和创新理论构建了一个由相对优势、内容兼容性、付费过程的复杂性、付费态度、主观规范、自我效能、感知网络安全、感知行为控制、付费意图组成的理论模型，并通过实证发现用户态度和主观规范能显著影响用户付费意愿，而感知行为控制却不能影响。③

叶阳和王涵在参考感知价值理论模型的基础上，分析用户为有声阅读平台内容付费的影响因素时，构建了一个由在线口碑、感知质量、人际影响、感知价值、感知价格、个人付费意识和付费意愿组成的模型，并通过实证分析发现，人际影响、感知价值、个人付费意识、感知价格能显著影响用户付费意愿，而感知质量和在线口碑通过感知价值间接影响用户付费意愿。④ 欧阳映泉在研究用户为在线教育平台内容付费时，借助感知价值理论和理性行为理论构建了一个由感知娱乐性、感知有用性、感知费用、感知风险、感知价值、个人创新意识、社会影响、采纳意愿组成的模型。通过实证分析发现，感知娱乐性、感知有用性、感知价值都能影响用户使

① Ye L R, Nguyen D D, Chiu J. Fee-Based Online Services：Exploring Consumers' Willingness to Pay[J]. Journal of International Information Management，2003，40(5)：61-65.

② Lopes A, Galletta D. Consumer Perceptions and Willingness to Pay for Intrinsically Motivated Online Content[M]. M. E. Sharpe, Inc., 2006：59-72.

③ Dutta S. Analyzing Consumer Intention to Pay for Online Content：A Systematic Approach[J]. Journal of Theoretical and Applied Information Technology, 2012, 38(4)：89-102.

④ 叶阳，王涵. 有声阅读平台用户内容付费意愿影响因素研究[J]. 图书馆学研究，2018(1)：55-59.

用付费在线教育平台的态度。① 韩煜东在研究用户对移动智能平台内容的付费态度时，借助理性行为理论，再根据实际情景纳入易用性、免费代替品、感知价格、感知风险、相对优势、行为态度、免费价值观、主观规范、行为意向、行为这 11 个潜在变量。最后通过实证分析发现，易用性、免费代替品、感知价格、感知风险、相对优势、行为态度、免费价值观、主观规范都可以通过行为态度影响到用户行为意向和用户实际行为。②

综上所述，从学者对于信息系统用户的使用行为研究过程和结论来看，影响用户行为的因素是多方面的，从用户主观因素到客观因素都存在，且涉及面很广，最后的结论也呈现出诸多的不一致，说明这些因素的作用非常复杂，且可能还会牵扯到诸多的调节变量和中介变量。但这些模型与结论是否同样适用于有声书平台用户这一特定的信息系统还有待具体分析，此外，在有声书平台的使用过程中，用户不同阶段的使用行为的影响因素也有较大差异，但在前人的研究中，并未将用户的使用行为进行合理的划分，导致研究结论缺乏针对性。

1.3 研究对象与内容

1.3.1 研究对象

就有声书整个产业而言，以盈利为导向的有声书平台的用户群体更为广泛，也更符合有声书产业化的发展趋势，其受到业界的关注度更高，未来的市场前景也更为广阔。因而对以盈利为导向的有声书平台用户使用行为加以分析更具有实践价值。基于以上考虑，本书将研究对象确定为以盈

---

① 欧阳映泉. 付费在线学习采纳意愿影响因素研究[D]. 成都：西南财经大学，2014.

② 韩煜东. 面向商业模式创新的移动智能终端用户消费行为研究[D]. 重庆：重庆大学，2013.

利为导向的有声书平台的用户，对其使用行为进行研究。本研究针对同一组用户的采纳行为、持续使用行为和内容付费使用行为展开研究，以实证方法分析哪些因素会影响用户的以上三种行为。为保证实证研究样本的有效性，用数据反映平台用户的真实使用情况，笔者加入了若干个在线有声书社群，如喜马拉雅用户 QQ 群、懒人听书用户 QQ 群、静雅思听 QQ 交流群等，并进行了深入交流，以对最真实的用户进行抽样调研。

1.3.2 研究内容

有声书平台作为数字阅读产业中的重要部分，发展前景十分广阔，未来将成为数字出版领域的重要势力，而了解其用户使用行为的影响因素是平台可持续发展的关键所在。本研究将有声书平台用户使用行为作为研究对象，根据消费者使用行为理论将用户过程分成三个阶段：用户采纳行为、用户持续使用行为、用户内容付费行为。并在整理用户访谈内容以及相关理论的基础上，分别构建三组模型，再通过实证的方式对已构建的模型与理论假设进行检验，并探索用户使用行为影响因素之间的内外动机与效应关系，为有声书平台企业的实践活动提供可靠的理论依据。主要研究内容如下：

（1）找出能够影响有声书平台用户的采纳行为的因素，并构建影响因素模型，再通过结构方程模型法对影响因素之间的关系进行实证检验和分析；

（2）找出能够影响有声书平台用户的持续使用行为的因素，并构建三组影响因素模型，再通过结构方程模型法对影响因素之间的关系进行实证检验和分析；

（3）找出能够影响有声书平台用户的内容付费行为的因素，并构建影响因素模型，再通过结构方程模型法对影响因素之间的关系进行实证检验和分析；

（4）基于三组模型的实证结果和模型的应用场景，对不同用户需求的有声书平台企业提供具有针对性的发展策略。

1.4 研究方法与样本选择

1.4.1 研究方法

本研究主要借助半结构式深度访谈法、内容分析法、问卷调研法和结构方程模型法四种研究方法。

（1）问卷调研法

本研究需要通过问卷调研来收集用于实证分析对象的样本数据，主要用于验证三组模型的配适度和路径关系的有效性。因而，为获得各观测变量的数据，本研究根据理论模型中各潜在变量的测量量表设计了网络调研问卷和线下调研问卷。具体到本研究中，笔者预先进行了调查，测试了初始调研问卷的信度和效度，并根据调研对象的反馈意见，逐步完善问卷，形成最终问卷。

（2）半结构式深度访谈法

半结构式深度访谈法是指根据研究目的，选择特定的研究对象，访谈者与被访谈者借助某种形式进行有目的性的对话、引导性的交流，以获得研究所需信息的过程。半结构式深度访谈法需要在访谈前设计一份内容提纲，并要求访谈者在访谈过程中遵循提纲对相关问题进行交流，且做好访谈记录或者录音。本研究中，可能涉及的访谈对象地域分布较广，所以主要借助微信和QQ等即时交流工具进行访谈活动。

29

(3) 内容分析法

内容分析法是一种通过识别主题和形态模式，对文本内容进行理解和诠释，再抽象化的一种研究方法。利用内容分析进行的研究，是以语言作为传播途径，考察内容或者文本的语境意义，有助于深度挖掘定性材料，将文本内容抽象化、概念化。本研究中，为了从用户实践角度分析影响用户使用行为的因素，拟采用内容分析法对用户的访谈内容进行解读，从内容中提取公共因子作为影响用户使用行为的因素，为后续的理论模型构建提供保障和支持。

(4) 结构方程模型分析法

在社会科学领域的研究中，有时需处理多个原因、多个结果的关系，甚至还会遇到不可直接观测的变量，这些都是传统的统计方法不能很好解决的问题。结构方程模型分析法弥补了传统统计方法的不足，成为多元数据分析的重要方法。结构方程模型是一种建立、估计和检验因果关系模型的方法。模型中既包含有可观测的显在变量，也可能包含无法直接观测的潜在变量。结构方程模型可以替代多重回归、通径分析、因子分析、协方差分析等方法，清晰分析单项指标对总体的作用和单项指标间的相互关系。这种研究方法被心理学、社会学、情报学和经济学等学科广泛使用。在模型中通常包括观测变量和潜在变量，前者是用来反映所应对的潜在变量的测量指标，在具体操作中通常指测量量表中的测量题项，可以通过问卷调研直接获取相应的测量数据；后者则是不可直接观测的变量，但是是可以用观测变量来表示的变量。在本研究中，笔者先根据理论基础和用户访谈内容来构建用户行为模型，并参考前人的文献和研究情景设计测量量表，再由测量量表测度研究模型中的潜在变量，以获得实证分析的数据，而后利用分析工具进行模型的检验。在本研究中，通过整理前人研究文献，在多个理论模型基础上，结合用户访谈内容，构建了三个使用理论模型，并借助统计软件 SmartPlS 绘制了潜在变量间关系路径图加以验证。SmartPlS 这款结构方程模型分析软件采用的是偏最小二乘法的计算法，相较于 AMOS、Lisrel、Mplus 等软件，它更适合于分析潜变量个数多的理论模型，对样本分布也没要求，且对样本量需求较少，适宜进行社会科学领域内的研究。考虑到本研究样本采集难度，故选择 SmartPlS 这一款软件作为分析工具。

1.4.2　数据来源与样本的一致性处理

（1）数据来源

由于本研究对象是以盈利为导向的有声书平台相关内容生产商和营运企业，希望通过研究发掘其用户在不同阶段与场景下不同行为的影响因素，为相关企业的经营策略和战略发展的制订提供参考与依据。

故本研究的调研数据由喜马拉雅平台、懒人听书平台、得到平台和静雅思听平台的用户填写。上述四家平台皆是以盈利为导向的有声书平台，而非公益性听书平台，且均为国内受欢迎的、具有代表性的有声书阅读平台。对本研究而言，对上述平台的用户进行问卷调研能更准确地反映以盈利为导向的有声书平台的用户行为情况，充分考虑到不同发展阶段有声书平台企业需求的差异性，从而构建符合真实情景的研究模型，以期为处在不同发展阶段的有声书平台企业进行用户精细化经营管理提供针对性的发展建议，避免营销方式的粗放化与低效率。

（2）样本的一致性处理

有声书平台用户的不同行为表现，其本质是消费者消费决策和心理的一种外在显性表现。依据消费者决策形成机制和消费者行为相关理论，本研究将有声书平台用户行为划分为采纳行为、持续使用行为和内容付费行为三个部分，并构建三组行为的影响因素模型。这三组模型之间有着内在联系，为确保研究过程与研究结果的科学性和合理性，本研究以同一组调研对象作为样本来完成三组影响因素模型的测量量表。同时，考虑到现实情况，并不是所有的用户都同时具有有声书平台采纳行为、持续使用行为和内容付费行为。为此，本研究预先从相关网络社群中筛选出符合条件的一组用户，再将后续问卷发放给这组用户，以提高问卷的回收率和有效性，并保证本研究三组模型使用的样本一致。具体操作方法和流程如下：

①笔者加入喜马拉雅平台、懒人听书平台、得到平台和静雅思听平台用户 QQ 交流群。

②征得群主同意后，在有声书平台用户 QQ 交流群内进行基本信息调研，即发放问卷确定能够同时满足此三项行为的用户群体。问卷内容包括：“您是否使用过有声书平台”“您是否经常使用有声书平台”“您是否在有声书平台上购买过有声内容”，以及用户的 QQ 号或者电子邮箱等联系方式(具体如附录 1)。

③若用户同时在三项问题前选择“是”，笔者再根据其留下的 QQ 或电子邮箱向该用户发放后续三份问卷。

最终，通过本次基本信息调研，共确定符合要求的用户对象 470 人，而后向该 470 人发放后续三份问卷，并收回有效问卷 375 份。最终将这375 份回收的问卷作为分析模型影响因素的样本。样本统计将在后面的第三章中呈现。

1.5　研究框架与结构安排

本书根据消费者行为理论和有声书平台使用情景，将有声书平台用户使用行为划分为采纳阶段、持续使用阶段、内容付费阶段三个部分，再利用半结构式深度访谈、问卷调查、内容分析法、结构方程模型法组建三个使用模型，并进行实证检验，主要的研究框架如下：

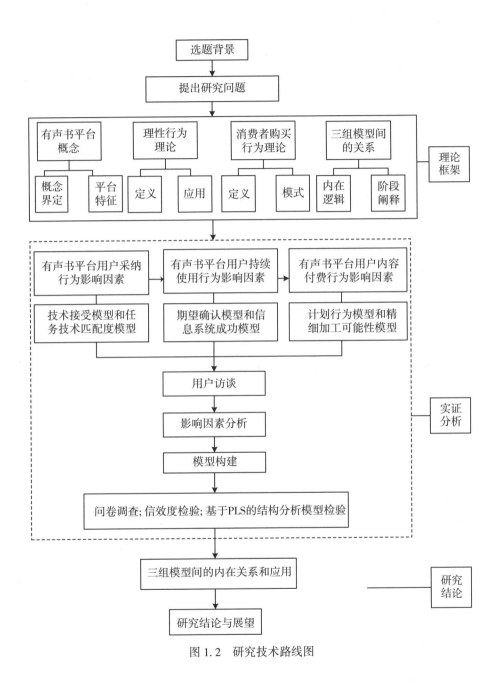

图 1.2　研究技术路线图

本书各章节安排如下：

第一章，绪论部分。开篇分析了我国有声书产业发展的大背景，并提出本书有待解决的主要问题。回顾过往的有声书研究和信息系统用户行为影响因素研究，而后对本研究的对象、研究内容和研究框架等进行了说明。

第二章，相关概念和理论基础。本章界定了有声书平台的概念和特征，分析了前人研究的相关文献，并构建了本研究的理论框架，包括消费者行为理论概念和模式，理性行为理论及其应用。

第三章，有声书平台用户采纳行为影响因素分析。本章首先对技术接受和使用统一理论、任务/技术匹配度理论进行介绍，再根据用户深度访谈内容提取适合于用户采纳行为的影响因素，并将其纳入初始模型，形成一个由听书需求、有声书平台功能、绩效期望、努力期望、社会影响、个人创新意识、任务/技术匹配度、采纳意愿、采纳行为等潜在变量组成的模型。其次，再根据前人研究和实际情景，对模型中的潜在变量下定义并做出假设关系。最后，借助 SmartPLS 软件对问卷数据信度效度以及模型配适度进行检验，并对结果作出解释。

第四章，有声书平台用户持续使用行为影响因素分析。本章首先对期望确认模型、信息系统成功模型进行了介绍，再根据用户深度访谈内容提取适合于用户持续使用行为的影响因素，并将其纳入初始模型，形成一个由期望确认度、感知有用性、用户满意度、内容质量、服务质量和持续使用行为等影响因素构成的模型。其次，再根据前人研究和实际情景，对模型中的潜在变量下定义并做出假设关系。最后，借助 SmartPLS 软件对问卷数据信度效度以及模型配适度进行检验，并对结果作出解释。

第五章，有声书平台用户内容付费行为影响因素分析。本章首先对计划行为理论、精细加工可能性理论进行了介绍，再根据用户深度访谈内容提取适合于用户内容付费的影响因素，并将其纳入初始模型，形成一个由试听体验、及时性、完整性、可靠性、在线评价、个人付费意识和内容付费行为等影响因素构成的二阶模型。其次，再根据前人研究和实际情景，对模型中潜在变量下定义并做出假设关系。最后，借助 SmartPLS 软件对问卷数据信度效度以及模型配适度进行检验，并对结果作出解释。

第六章，阐释了三组用户使用行为模型之间的关系和运营对策。根据实际情况分析各个模型的应用场景，最后提出有声书平台企业的经营对策。

第七部，总结。该部分论述了本书的成果发现，研究创新点，说明了本文的局限性和未来研究展望。

1.6　研究创新点

本研究借助信息系统领域内的诸多理论模型，以及对用户的深度访谈内容，构建了"用户采纳行为""用户持续使用行为"和"用户付费行为"三个贴近研究情景的理论模型。通过使用结构方程模型分析法，对模型进行了实证分析，并针对不同行为提出了相应的建议和意见。本研究的创新点主要包括以下三个方面：

第一，本研究根据消费者决策形成机制和消费者行为的相关理论，解构了有声书平台用户使用行为过程，将有声书平台用户使用行为划分为"采纳行为""持续使用行为"和"内容付费行为"三个阶段。并构建了有声书平台用户采纳行为影响因素模型、用户持续使用行为影响因素模型和用户内容付费行为影响因素模型，这三组模型是既相对独立又具有内在关联的"三位一体"用户使用行为模型。本书创新性地提出有声书平台用户使用行为链中的变化趋势：其从初始采纳行为转向持续使用行为，最终再到内容付费行为方向运动，为有声书平台及相关信息系统用户行为研究提供了创新性的视角。

第二，本研究提出了三组有声书平台用户使用行为的影响因素模型，并进行了实证检验。有声书平台用户使用行为过程较为复杂且具有一定的特殊性，前人提出的相关模型维度较为单一，且不一定完全适用于有声书平台用户使用情景。本研究结合互联网环境下的用户行为特征，从用户访谈中创新性地提取适宜使用情景的影响因素，纳入原有理论模型，从而构建了符合真实情景的全新模型。并通过实证方法研究模型影响因素之间的关系，为后续研究者提供了具有参考价值的理论依据，亦为有声书平台的发展提供了强有力的理论支撑。

第三，本研究根据三组模型的构建与实证研究得出不同用户行为之影响因素的不同，向处在不同发展阶段的有声书平台企业的用户精细化经营管理提供了具有针对性的发展建议。本研究充分考虑了有声书平台企业需求的差异性，为避免营销方式同一化的局面，针对性地提出了如下建议：对于需要吸引用户初始使用的有声书平台企业，建议加强有声书平台功能设计与开发，建立社会激励机制；对于需要提升用户黏度的有声书平台企业，建议采用个性化推荐服务，注重界面设计和用户自创内容管理，并注重提升平台的娱乐性；对于急需转化用户价值的有声书平台企业，建议关注用户评价，构建付费内容生产机制，优化用户购买体验，树立用户内容付费意识。

2 相关概述与理论基础

有声书平台用户使用行为研究涉及多个学科的交叉，需要信息系统研究、用户行为、数字阅读等领域的相互渗透与结合，研究这一主题的学科群除出版学外，还包括情报学、新闻传播学、图书馆学等学科。不同学科背景的学者也带来了多元化的研究视角和基础理论。因此，在对用户各使用行为影响因素进行探讨之前，有必要先厘清研究客体，明确有声书平台的范畴、综述，并借鉴其他学科相关理论，搭建以消费者行为理论和理性行为理论为基础的理论框架，为本书后续研究奠定基础。

2.1 有声书平台概念界定和特征

随着网络技术和移动终端的不断创新进步，有声书平台的形式也逐步多元化，除了传统的车载有声书、广播类有声书外，还有大型听书网站、移动有声书应用、社交网站的有声书频道等。传统的有声书定义已经无法解释、界定现存的有声书平台，故本书根据网络环境和有声书平台的实际情况，对其进行概念的界定。

2.1.1 有声书平台概念界定

有声书在英文中被称为"audiobooks"，其存在于各种可记录声音的介质形式之中。美国有声书协会为了使有声书的概念区分于戏曲、声乐、音乐等形式，将其定义为，包装和复制成数字文件、高密度光盘或盒式磁带等形式进行销售的，且不低于51%的文字内容的录音产品。我国《辞海》对有声书的定义是"录制在磁带中的出版物"，此定义反映了有声阅读早期的特点。[①] 传统的有声书主要以磁带、光盘等载体作为介质，或以广播电台、电视台中的评书形式出现。磁带、光盘的有声内容载体形式，主要以出版商出版教材类、少儿益智类和文学类小说等附赠图书内容为主。作为有声书发展初期的载体，广播电台有声读物内容丰富，其以广播剧和长篇连播的评书或小说为主。传统有声书的听众人群也多被限制在老人、儿童、盲人等有阅读障碍的群体里，听众总量有限。

随着信息技术的发展，有声书的概念与内涵也在不断延展。现今有学者认为有声书是存储在特定载体并通过播放设备解码载体内容，以声音为主要展示形式，以听觉方式进行阅读的音像作品。在网络时代，各种终端和软件设备逐步完善，有声书与互联网融合，形成有声书平台，无论是内容还是传播方式都发生了巨大的变化。在内容类型方面，为迎合互联网时代用户对海量、多样、娱乐内容的需求，有声书类型已脱离传统广播的有声小说、评书等音频节目，基于巨量的消费群体，内容类型长尾化特征显著。涵盖了经管人文、少儿教育、相声评书、文艺情感、搞笑段子以及更加细化、个性化的内容类型。在传播方式上，除广播电台、电视台等传统音频录制、剪辑方式外，有声书还遵循新媒体传播规律，在内容制作上推陈出新，采用播客征集、用户意见征集等模式让用户参与到内容制作中。有声书内容生产的 UGC 模式，决定了内容演播风格的去广播化，呈现出时尚、清新、口语化等演播特征，并将播客与粉丝直接连接，以满足粉丝与偶像常态互动与零距离接触的需求。相较于传统的有声书，有声书平台利用网络数字技术，形式趋于多样化，内容更为多元化，迎合了数字时代用户的消费需求，成为传统出版向数字出

版转型的关键。

因此，本研究将有声书平台定义为一种集有声内容出版、发行、消费于一体的信息系统，其是在构建一条完整的有声书产业链基础之上，借助硬件设备，通过整合来自内容出版商的内容资源，为用户集中提供服务与支持的音频网络平台。另外，有声书平台与众多网络电台在运营内容上存在交集，产品形态和内容相互渗透，行业分类较为模糊，故本研究认为网络电台也可纳入有声书平台这个范畴中，作为本书的研究对象进行分析。

2.1.2 有声书平台特征

有声书平台作为一种集有声内容出版、发行、营销于一体的信息系统，符合人们在社会快节奏背景下利用碎片化时间获取信息的需求。对阅读障碍人群来说，有声书平台有它存在的必要性；对普通大众来说，有声书平台有它的实用性和方便性。现存的有声书平台主要具有平台内容跨界发展、平台功能价值多元化、用户参与度强等特征，具体来说：

(1)平台内容跨界发展

互联网的高度开放性大大降低了有声书生产、制作、传播的门槛，越来越多的非专业、非职业传播者参与有声读物的生产制作，作为网络环境下有声书市场的重要参与者和竞争者。内容创作者的多元化也带来有声书内容的多元化，促使有声书内容跨界发展。另外，有声书版权的主体既包括作者、出版社和发行平台，也包括播讲者，面对复杂的版权关系与广阔的市场空间，各方普遍采取合作而非对抗的姿态，也使得跨界合作日渐生成。

即使自建APP的有声书平台，大多也参与其他大平台的跨界合作。2017年11月上线的京东知识服务频道，最主要的服务群体就是六大有声书品牌——喜马拉雅 FM、蜻蜓 FM、核桃 LIVE、豆瓣时间、凯叔讲故事和懒人听书。此外，蜻蜓 FM 还与运营商进行内容合作，与运营商的合作也是其主要盈利方式之一。2014 年年底，蜻蜓 FM 并购国内最大有声小说版权商央广之声，获得大量优质有声小说资源。此前，央广之声已和电信运营商合作，打包出售有声书等内容给运营商，比如用户花 5 元钱就可以买下 10 本有声小说包月的套餐。蜻蜓 FM 照搬了央广之声的模式，从与电信运营商合作的收费内容中抽成获利。懒人听书则与中智博文、华文天下、聚石文华等 500 多家出版发行公司建立内容合作关系，拥有数万部正版热销书的音频资源，2015 年又与阅文集团达成合作，成为其海量文学资源的最大音频商。

（2）平台功能价值多元化

当下，内容多元化的有声书平台也在不断突破传统的功能边界。随着教育培训、脱口秀、广播剧、相声等各类有声内容加入到平台中，现在有声书平台的功能价值被重新定义。在一定程度上，其不仅是有声内容供应的平台，还是一个在线教育学习平台和知识交互分享的平台，开始从娱乐产品转为知识付费产品。例如，考拉 FM 背靠车语传媒，就为包括传统电台、网络电台乃至各类以声音内容和服务为主的平台，创造了一个自主化的行销工具。目前考拉 FM 已经和国内很多主流厂商达成合作，覆盖车型在 90% 以上，并推出车载智能音箱考拉宝，支持汽车免费流量收听，为无智能系统的汽车提供车载收听解决方案。此外，酷听听书也在 2012 年建立了有声内容图书馆、酷娃在线等终端，2013 年酷听听书客户端上线建立 ACE 创作和出版平台，2015 年开始拓展海外市场、车载市场和早教机终端市场。酷听听书还基于 B 端和 C 端平台，拓展平台的功能价值，加强了有声书资源的分享收益。B 端即平台到商家，主要为三大电信运营商、图书馆、教育机构、图书电商平台和其他音频客户端提供或置换内容及版权。酷听平台在此基础上，针对商家建立了酷听语言艺术培训加盟、线上教学+线下培训、直营及代理加盟体系与课程授权等功能服务。C 端即平台到用户，普遍采用聚合用户提高流量、订阅服务、植入广告等方式。酷听平台针对用户推出了语言培训课程，该课程为中国有声视听文化委员会独家授权的自主版权课程，通过培训构建儿童的语言能力系统，从而提升儿童的学习力。

(3) 用户参与度强

相较于传统有声书，有声书平台借助网络技术消弭了播者与听者的界限，听书从单纯的只闻其声向社区化方向发展。用户在收听过程中，还可以阅读和回复文字、翻阅图片、播放视频，并通过即时评论，对听书内容发表意见，或通过分享路径选择将其推荐到微博、微信、QQ、人人、豆瓣等诸多社交平台。这使得有声书平台中用户的互动参与性大大增强，与传统的有声书有着本质的区别。

2012 年上线的懒人听书就依靠用户的互动参与，在兴趣社交方面不断探索，从单一网络文学发展到综合性有声读物。2013 年，懒人听书从 PGC 有声读物转型到生产内容(PGC)与用户生产内容(UGC)双通道互补的生产模式。最大限度地提高互动性一直是懒人听书的追求，用户通过评论功能，可快速直接地了解节目评价，判定节目内容的可读性，亦可与其他听友沟通交流。通过分享功能可一键将喜爱的节目分享到微博、微信、QQ 好友、短信等 12 个目前主要流行的社交平台。其无缝对接各大社交媒体，增强了用户与产品之间的黏性。目前有 1 亿多用户从单一听书工具转型到用户听书社区，用户可根据阅读兴趣加入不同的听友会，与全国听友交流讨论。除了广大网友、听友外，以发现、分享为乐趣的有声阅读交流社区，还能够让用户和主播面对面交流，发现更多书城之外的有声读物。来自全国各地的主播们会分享他们的故事，主播通过声音架起了作者与听众沟通的桥梁。

2.2 理论基础

2.2.1 理性行为理论

理性行为理论(Theory of Reasoned Action，TRA)由美国学者 Fishbein M 和 Ajzen I 于 1975 年提出，该理论解释了人们的行动会受到哪些关键性影响因素的作用，是社会心理学领域广泛认同的行为认知理论。TRA 用于分析态度如何影响用户的行为意愿，该理论认为行为意愿由行为态度(简称 ATT)和主观规范(简称 SN)共同决定。① 人们的个体行为和主观态度会影响行为意向，而行为意向会影响用户的实际具体行为。如图 2.1 所示。

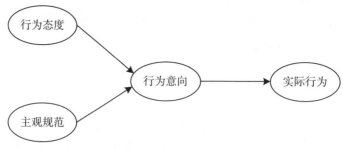

图 2.1　理性行为理论模型

理性行为理论模型中有两个基本设想：第一，态度和主观规范是其他变量对行为意向产生影响的中间变量；第二，行为意向是态度和主观规范对行为产生影响的中间变量。这两个假设被称为充分性的假设，由于充分说明了动机和信息对行为的影响，所以该模型被称为是一个深思熟虑的过程模型，模型认为人们倾向于按照能够使他们获得有利结果并且符合他人

---

① Ajzen I, Fishbein M. Understanding Attitudes and Predicting Social Behavior[M]. Englewood Cliffs, NJ: Prentice-Hall, 1980: 36-59.

期望的方式做出行为。① 理性行为理论中，变量之间的关系为：个体对于行为的态度愈正向，则行为意愿愈高；反之，个人对于行为的态度愈负向，则行为意愿愈低。个人的行为意愿还受到主观规范影响，主观规范愈正向，则行为意愿愈高；反之，主观规范愈负向，则行为意愿愈低。个体的行为意向愈强烈，则产生实际行为的可能性就愈大；反之，个体的行为意愿愈弱，则产生实际行为的可能性就愈小。

主观规范在理性行为理论中是影响个体行为意愿的一个直接因素，是指理性人认为周围重要的人对自己从事某一行为的态度和反应的感知，主观规范对行为意愿的显著性影响已被学者们证实。② 主观规范来源于社会心理学中的社会影响理论，是指个人对是否采取某项特定行为所感受到的社会压力，即在预测他人的行为时，那些对个人的行为决策具有影响力的个人或团体对个人是否采取某项特定行为所发挥的影响作用大小。这里的社会压力主要指社会舆论、群体氛围和群体意识，而不是明文规定的制度法则。在社会心理学中，与主观规范相关的四种重要的社会影响，分别是从众、顺从、服从和模仿。

态度是个体对行为产生的结果所持有的主观信念和情感，个体的行为态度和主观规范共同影响个体的行为意向，这些因素相结合产生的行为意向将决定个体实际行为的产生。③ 态度是人们在自身道德观和价值观基础上对事物产生的评价和行为倾向。社会心理学一般认为，人的态度由认知、情感和意愿行为三种成分构成。态度的认知成分指人作为态度主体对于态度对象或态度客体的知觉、理解、观念和评判。认知是基础，不仅包括个体对态度对象的认识、了解，同时也包括评判。认知是在直接或间接

---

① 王睨. 游戏衍生品使用行为影响因素实证研究[D]. 上海：华南理工大学，2010.

② 于丹，董大海，刘瑞明，等. 理性行为理论及其拓展研究的现状与展望[J]. 心理科学进展，2008，16(5)：796-802.

③ 罗江，迟英庆. 基于理性行为理论的消费者行为研究综述[J]. 商业经济研究，2016(6)：34-37.

经验的基础上形成的。

行为意向是指人们对待或处理客观事物的活动,表现为人们的欲望、愿望、希望等行为反应倾向。人的欲望、愿望、希望等又可分为肯定的和否定的,或正向和负向两种。肯定或正向的意愿就是对某种客观事物的接近、取得、保护、接受、拥护、吸收、助长、产生、造成等;否定或负向的意愿就是对某种客观事物的避开、丢弃、反对等。① 意愿是个体对态度对象的反应倾向,即行为的准备状态,准备对态度对象作出一定的反应,因而是一种行为倾向,或叫做意图或意动。

行为。心理学家对行为的看法各有不同。行为心理学把人与动物对刺激所做的一切反应都称为行为,包括外显的行为和内隐的行为;心理学家认为人的行为由人与环境的相互关系决定,行为指受心理支配的外部活动。而现代心理学家一般认为,行为是指人在主客观因素影响下而产生的外部活动,是一个整体的行动过程。

在理论应用方面,作为行为科学领域的基础理论,理性行为理论广泛应用于消费者购买、用户知识共享、供应链等行为研究当中。理性行为理论与后续学者在该理论基础上扩展形成的计划行为理论(Theory of Planned Behavior),一并成为本研究后文构建模型的理论基础。

在前人的研究中,理性行为理论被发现可以预测多个领域的行为与行为意向。例如,Lee C 和 Green R T 借助理性行为理论分析韩国和美国消费者购买运动鞋时的不同表现,发现韩国消费者比美国消费者更容易受到"主观规范"这个因素的影响。② Bagozzi R P、Baumgartner H 等在分析用户使用优惠券的影响因素时,以理性行为理论为基础进行实证研究,发现用

---

① 王晲. 游戏衍生品使用行为影响因素实证研究[D]. 上海:华南理工大学,2010.

② Lee C, Green R T. Cross-Cultural Examination of the Fishbein Behavioral Intentions Model[J]. Journal of International Business Studies, 1991, 22(2): 289-305.

户的主观规范比用户的态度更容易让用户使用优惠券。① 陈姝、窦永香等基于理性行为理论构建微博用户转发行为影响因素模型，发现影响用户态度的因素中，接收用户活跃度、微博文本与用户兴趣的语义相似度对用户转发行为产生显著影响，而微博数据形式对用户转发行为影响不显著；主观规范因素中，发布用户与接收用户交互度对用户转发行为影响显著，发布用户的影响力对用户转发行为影响不显著。② Tsai M T 等从知识共享视角对理性行为理论进行研究，综合个人预期的互惠关系，认为道德和组织文化是影响个人知识分享意图的因素。③ Peslak A 等采用理性行为理论来预测和理解使用即时消息通信工具的目标人群的行为，发现用户对即时通信的态度和主观规范与使用意向呈正相关。④

2.2.2 消费者行为的理论

消费者行为是指消费者为满足特定需要，在多个购买方案中进行评价分析，选择和购买某一产品、品牌或服务的过程。它是在特定购买动机下产生的一系列决策活动的过程。其中，顾客的消费观念和生活方式，受到知觉、兴趣、情绪等内部影响因素和文化、营销等外部影响因素的支配，进而产生某一购买决策。包括需求的确定、信息收集、购买动机的形成、购买方案的实施和购后反馈等环节。具体的消费者行为过程如图 2.2 所示。

---

① Bagozzi R P, Baumgartner H, Yi Y. State versus Action Orientation and the Theory of Reasoned Action: An Application to Coupon Usage[J]. Journal of Consumer Research, 1992, 18(4): 505-518.

② 陈姝, 窦永香, 张青杰. 基于理性行为理论的微博用户转发行为影响因素研究[J]. 情报杂志, 2017, 36(11): 147-152.

③ Tsai M T, Chen K S, Chien J L. The Factors Impact of Knowledge Sharing Intentions: The Theory of Reasoned Action Perspective[J]. Quality & Quantity, 2012, 46(5): 1479-1491.

④ Peslak A, Ceccucci W, Sendall P. An Empirical Study of Instant Messaging (IM) Behavior Using Theory of Reasoned Action[J]. Journal of Behavioral & Applied Management, 2010, 11(3): 263-271.

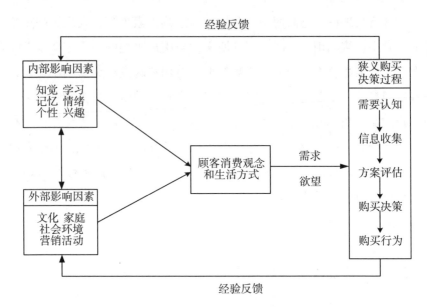

图 2.2　消费者行为流程

关于消费者行为过程，行为心理学、经济学、社会学等领域的学者进行了大量的研究，从不同角度提出了各种行为模式，具体如下。

（1）消费者行为的 SOR 模式。它属于人类行为的一般模式，即"刺激—个体生理、心理—反应"。在该模式中，消费者的购买行为先由内外因素的刺激所引起，包括来自消费者身体内部的各种心理、生理因素，以及外部环境因素。在各种因素的刺激下消费者进而产生特定动机，动机驱使消费者做出购买决策至实施购买行为，并且，通过购后对商家进行评价，一次完整的消费行为过程就此完成。如图 2.3 所示。

图 2.3　消费者行为过程的一般模型

（2）科特勒行为选择模型。该模型由菲利普·科特勒于 2001 年提出，科特勒认为了解研究消费者行为的初始是通过消费者黑箱。其前期活动与 SOR 模式类似，消费者接受刺激后通过消费者黑箱，最终做出购买决策。其中，通过文化、政治、经济、技术因素对消费者的刺激属于外部刺激；价格、产品、地点、促销等营销策略是对消费者的营销刺激。这些影响因素与消费者特征构成消费者黑箱，共同决定消费者的决策和反应，最终形成其对经销商、品牌、购买数量和时机的选择，具体过程如图 2.4 所示。

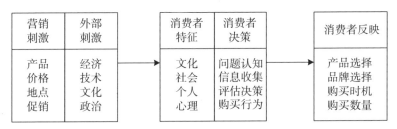

图 2.4　科特勒行为选择模式

（3）尼科西亚模式。该模式于 1966 年由尼科西亚在《消费者决策程序》一书中提出。其对消费者决策过程进行模拟，将消费者购买过程划分成决策程序的流程图，如图 2.5 所示。尼科西亚模式由信息流程、信息收集与方案评估、购买行动和信息反馈四部分组成。具体来说，企业先通过宣传，将有关信息传递给消费者，形成消费者态度；消费者对商品信息进行调查后形成购买动机；消费者在购买动机的驱使下，采取购买决策和行动；最后将购买行为进行信息反馈。

（4）恩格尔模式。恩格尔模式于 1968 年由恩格尔、科特拉等学者提出，该模式从消费者的中枢控制系统、信息加工决策过程和环境因素对购买决策的影响进行分析，更加注重大脑在决策过程中引起的记忆、理解，与大脑存储的评价标准、个人经验、态度等构成的消费者心理活动，如图 2.6 所示。其在决策的解释上与尼科西亚模式较为相似。

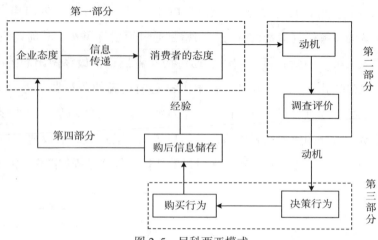

图 2.5　尼科西亚模式

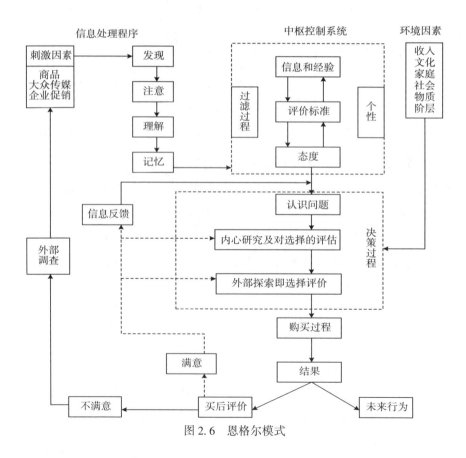

图 2.6　恩格尔模式

（5）霍华德-谢思模式。该模式是由霍华德与谢思在 20 世纪 60 年代末出版的《购买行为理论》一书中提出。与上述行为模式不同的是，霍华德-谢思购买行为理论可以分析最终消费者和机构用户的消费行为。这两者在模型中通称为购买者，其根据购买者对产品的熟悉程度，描述了购买者的重复性购买行为的不同阶段：一是广泛解决问题阶段，即消费者不了解与产品相关信息时做出的购买决策；二是有限解决问题阶段，即消费者对品牌的选择不确定，但了解产品的类别；三是习惯性反应行为阶段，即消费者在了解的某类产品中能够选择某个品牌。霍华德-谢思模式认为通过提供各种选择方案信息，唤起和形成的动机对可选择产品产生一系列反应，能够影响消费者购买活动，如图 2.7 所示。

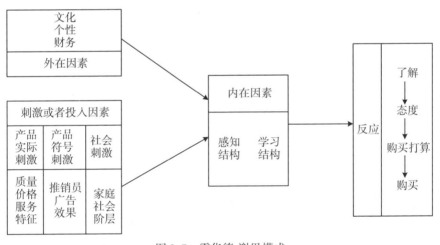

图 2.7　霍华德-谢思模式

2.2.3　本研究用户行为"三位一体"理论体系

在消费者行为模式中，消费者行为基本遵循着"内外因刺激-有机体心理活动-反应"这条行为过程链。① 在该行为链中，消费者行为先由内外因

① Solomon M R, Bamossy G J, Askegaard S. Consumer Behaviour：A European Perspective[M]. Prentice Hall Europe, 1999：36-67.

素的刺激所引起，包括来自消费者身体内部的各种心理、生理因素，以及外部环境因素。在各种因素的刺激下消费者进而产生特定动机，动机驱使消费者做出购买决策至实施购买行为，并且在购后对商家进行评价，一次完整的消费者行为过程就此完成。在有声书平台用户使用情景中，用户的使用过程同样经历了三个阶段。首先，用户根据自身需求或外部推荐开始初步使用有声书平台，即通过消费者行为模式中的内外因刺激，产生初始的采纳行为。其次，当用户被有声书平台内容或服务吸引后，对平台产生依赖感并愿意频繁地使用平台，即通过有机体心理活动产生持续使用行为。最后，黏性用户逐渐产生对平台中优质内容的付费意愿，进而采取付费行为，即通过消费者心理决策机制的行为反应产生用户内容付费行为。三组行为由此构成"三位一体"的用户使用行为流程链。

有声书平台用户的使用行为在不同阶段有着不同的表现形式，其本质是消费者行为过程的一种外在显性表现。对各阶段有声书平台用户的行为表现进行阐释，能够为后续模型构建奠定行为依据。具体表现如下：

(1) 第一阶段：有声书平台用户采纳行为

采纳行为发生的过程受到各种内外部因素的影响。动机是用户采纳行为发生的诱因，同时也存在着与动机相反的作用力，即障碍因素。用户在初步使用有声书平台之前，往往对平台缺乏了解，促使用户开始采纳平台的缘由大体包括用户内在需求和外在影响两个方面。由于有声书平台作为网络产品，可以较为轻易地获取，内在的听书需求和外在的社会影响综合呈现在潜在用户身上的显性反应就是用户开始初步使用有声书平台。在此阶段，用户与平台建立的关系是一种试探性使用关系，此时用户具有不稳定性，他们可以随时放弃或者更换有声书平台。

(2) 第二阶段：有声书平台用户持续使用行为

持续使用阶段，由于用户在采纳阶段对有声书平台有了初步了解和评估，用户能够结合自身偏好以决定是否要继续使用下去。在此阶段，主要由平台所提供的内容质量以及服务功能对用户满意度产生影响。若用户对平台提供的服务和内容感到满意，他们能够对平台产生一定的依赖感，同时，随着用户使用次数的增加，用户的稳定性逐步提升，浅度用户变为黏度用户。若用户对平台所提供的内容和服务满意度不高，用户持续使用有声书平台的可能性就较小，后期用户愿意为有声书平台内容付费的可能性就越小。

(3) 第三阶段：有声书平台用户内容付费行为

在内容付费阶段，普通用户大多转化为黏度用户，已经形成使用有声书平台的习惯，对平台的内容和服务有一定的依赖性，若平台提供的内容质量、价格和服务都能让用户认可，则用户的购买意向大幅提升，付费行为发生的可能性也会增加。至此，平台用户完成价值转化，为有声书平台带来盈利。

2.3 本章小结

本章主要从有声书平台的概念和特征入手，界定了有声书平台的概念、特征以及与传统有声书的区别。在此基础上，对理性行为理论、消费者行为理论进行了论述，并分析了各理论中的关键部分。最后根据消费者行为理论和消费者决策形成机制将有声书平台用户行为划分为"采纳行为""持续使用行为""内容付费"三大部分。本章的内容除了为后文提供理论基础和方法依据外，还能为有声书平台用户使用行为模型的构建提供理论指导和方法支持。

3 有声书平台用户采纳行为影响因素分析

随着现代人生活节奏的加快、通勤时间的延长，可供阅读的整块时间成为稀缺资源，取而代之的是对碎片化时间的利用，加之互联网技术与智能平台的迅猛发展，越来越多的上班族、开车族、学生族等群体出于提升阅读效率、丰富闲暇时光等需求，开始选择使用有声书平台收听有声书。相较于视觉阅读平台，有声书平台摆脱了使用场景的限制，解放了双眼，满足了用户利用碎片化时间阅读的需求，彰显了听觉阅读的价值。

当下的有声书市场蓬勃发展，形成了以喜马拉雅平台为首，蜻蜓FM、懒人听书、酷听听书紧随其后的一超多强格局，再加之得到APP、天方听书网、氧气听书等平台的强势崛起，有声书平台之间的竞争日趋激烈。有声书平台能否在市场上占得一席之地，聚拢用户是关键，一定规模的用户群能为平台制定后续营销策略奠定良好的基础。平台高效地聚拢用户，提升市场的占有率，前提条件是需要充分了解用户采纳有声书平台行为受到哪些因素的影响，进而有针对性地确定吸引用户关注度和采纳行为的相应策略。

故此，本章将分析有声书平台用户采纳行为的影响因素，以技术接受与统一使用理论（UTAUT）和任务/技术匹配度理论（TTF）为基础，结合有声书平台用户深度访谈归纳出的使用情境相关因素，构建有声书平台用户采纳行为影响因素模型，并分析模型中各影响因素之间的关系，帮助有声书平台商制定更加有效的策略以吸引用户。

3.1 基础理论模型

3.1.1 技术接受和统一使用理论模型

2003 年，Venkatesh 等提出技术接受和统一使用理论模型（the Unified Theory of Acceptance and Use of Technology model，UTAUT），该模型是对技术接受理论模型（Technology Acceptance Model，TAM）的延展与进步。虽然 TAM 模型面市之后便得到广泛应用，但其依然存在着解释力度较低、对外部变量解释模糊、适用性有限等问题。因此，学者们在后继的研究中，不断吸收和融入新的建议，以增强 TAM 模型的解释力度和模型信度。[①] Venkatesh 等在梳理理性行为理论、动机理论、计划行为理论、技术接受理论与计划行为理论、PC 使用理论模型、创新扩散理论、社会认知理论后，从中提取出绩效期望、努力期望、社会影响、便利条件四个核心因素，并将性别、年龄、经历和自愿性作为调节变量整合进模型中，最终形成一个用以分析信息系统用户使用行为的理论模型，即技术接受和统一使用理论模型。Venkatesh 和 Davis 认为该模型能为管理者提供更好的评估效果，并更准确地预测与解释信息系统用户的行为。在此后的诸多实证分析发现，UTAUT 模型对用户信息系统采纳和使用影响因素的解释力度可达到 70% 以上，比过去任何一个模型都有效。因此该模型被广泛应用于相关研究。

在该模型中，绩效期望、努力期望、社会影响、便利条件作为外生变量直接影响用户使用行为意向。其中便利条件也可直接作用于使用行为，经验、年龄、性别和自愿性作为调节变量，影响潜变量之间的关系，如图 3.1 所示。

[①] 孙建军，成颖，柯青 . TAM 模型研究进展——模型演化［J］. 情报科学，2007，25（8）：1121-1127.

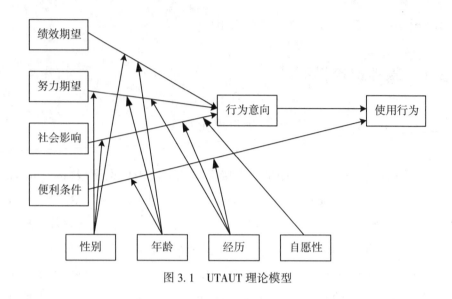

图 3.1 UTAUT 理论模型

在技术接受和统一使用理论模型中，绩效期望是指用户在使用信息系统之前，就预计该系统能对他的工作产生积极影响，并且年龄和性别两个调节变量也会对其产生影响。努力期待类似于技术接受模型中的感知易用性，此变量旨在测度信息系统的操作难易度，它直接作用于用户使用意向，同时，性别、年龄、经验会对其产生调节作用。社会影响除了包括技术接受模型中的主观规范外，还加入社会因素和主观印象两个方面的测量项目，表示用户作为社会人，不可能完全保持理性，故采纳信息系统的意愿会受到周围人的影响、社会舆论影响、主观印象的影响，并受到性别、年龄、经验和自愿性四种调节变量的影响。便利条件是指用户是否有足够的外部环境和外部支持，外部环境如支持信息系统运行的硬件设备；外部支持是指有足够的知识和能力操控信息系统。

3.1.2 任务/技术匹配度理论模型

任务/技术匹配度理论模型（Task-Technology Fit model，TTF）是由 Goodhue 和 Thompson 在 1995 年提出的一项用来解释信息系统对使用者工作任务的支持程度的理论模型，它通过测量用户的心理认知来评价信息系统对使用者工作绩效的影响，指出了信息系统功能与使用者需求之间的关系。原有的技术行为链模型中变量数量大且关系复杂，使得实证研究难度加大，所以 Goodhue 和 Thompson 通过实证分析，将技术行为链模型简化成任务/技术匹配度理论模型，后者最大的不同点是模型中的任务技术匹配直接影响使用行为，如图 3.2 所示。

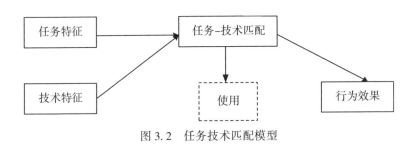

图 3.2　任务技术匹配模型

1998 年，Goodhue 针对任务技术匹配理论开发了该模型的测量量表，解决了该模型中核心变量任务技术匹配无法横向比较的局面。他将任务技术匹配界定为使用者对于信息系统或信息服务满足其任务需求程度的感知，并从数据识别、获取、整合与解析 3 个方面将其划分为 15 个维度，依据信效度检验结果，对 15 个维度进行了调整，最终保留了定位能力、兼容性、可达性等 12 个维度，进一步确定了 32 个测量指标。这一量表为后续实证研究提供了基础工具。

信息系统研究中，技术接受和统一使用理论模型强调用户个人感知对某种信息系统的态度，而任务技术匹配模型则侧重于关注用户任务需求和信息系统所提供功能的匹配度，虽然两种模型都可以较好地解释用户采纳行为，但将两种模型整合后对用户行为的解释力会更强。尤其在对功能性和娱乐性突出的信息系统平台的研究中，两者的结合能更优地解释用户行为，国内外的实证研究均证明了这一点。① 因此，本研究在分析有声书平台用户采纳行为时，也借鉴前人的研究，将 UTAUT 模型和 TTF 模型作为

① Vongjaturapat S, Chaveesuk S, Chotikakamthorn N, et al. Analysis of Factor Influencing the Tablet Acceptance for Library Information Services: A Combination of UTAUT and TTF Model[J]. Journal of Information & Knowledge Management, 2013, 14(3).

本研究的基础理论，并根据有声书平台的使用情景修改和新增变量以构建有声书平台用户采纳行为影响因素模型。

3.2 用户访谈与访谈结果

3.2.1 访谈对象

在过往研究中，众多学者也尝试将技术接受与统一使用理论(UTAUT)和任务/技术匹配度理论(TTF)整合分析信息系统平台用户采纳行为影响因素，效果尚可。但鉴于有声书平台的特殊性，以及考虑到研究有声书平台的相关文献不多，为更加准确地获得用户采纳行为影响因素，故拟先对有声书平台用户进行深度访谈，验证基础模型中各变量的适用性，并找出一些补充潜变量。本研究访谈对象主要来自有声书平台的网络社群，研究者利用群公告的方式邀请群内用户参与访谈，并告知本访谈的目的与要求。最终，有14名用户愿意接受访谈。在正式访谈前，从14名受访者中随机选取2名作为预访谈对象，以便根据实际情况对访谈内容进行调整。访谈对象基本信息见表3.1。

表 3.1　　　　　　　　　访谈对象基本信息统计表

访谈对象编码	性别	年龄	教育背景	所在地
*	女	28	博士	吉林省吉林市
*	男	32	本科	浙江省绍兴
A1	女	27	大专	湖北省黄冈市
A2	女	29	本科	湖北省武汉市
A3	女	27	本科	湖北省宜昌市
A4	男	37	中专	广东江门
A5	女	36	大专	辽宁锦州
A6	男	21	本科	辽宁大连

访谈对象编码	性别	年龄	教育背景	所在地
A7	男	18	本科	江西南昌
A8	女	25	大专	湖南益阳
A9	女	42	本科	福建泉州
A10	男	37	本科	重庆
A11	女	35	大专	山东济南
A12	男	23	硕士	陕西西安

注："＊"为预访谈用户。

3.2.2 访谈程序

在完成预访谈后，根据访谈中出现的问题和受访对象的反馈对访谈大纲进行调整和修改；然后对其余受访者进行正式访谈，由于受访者遍布全国各地，访谈方式主要采用微信、QQ 等即时交流工具完成。访谈时间段从 2017 年 8 月 22 日至 2017 年 8 月 26 日，每次访谈时间约为 30 分钟至 45 分钟。

研究采用半结构式深度访谈法，访谈大纲只作为参考，访谈时会根据具体情况做出调整。整个访谈过程大致如下：

（1）告知受访者自己的身份、研究目的和相关承诺。包括结果的匿名性、非商业性等。

（2）询问受访者的基本信息。包括性别、年龄、受教育程度、所在地域、工作情况。

（3）询问受访者使用过哪些有声书平台，并以此作为访谈的切入点。

（4）根据受访者回答，询问受访者是哪些因素促使其采纳有声书平台（采纳行为、持续使用行为、内容付费行为）。

（5）请受访者谈一下对有声书平台的看法或者建议。

（6）根据受访者的回答，继续追问一些问题，以便获得更加详细的信息。

（7）访谈结束，向受访者表示感谢。

访谈结束后，及时整理文字资料，完善后续工作，并将内容交与受访者进行核对，以保证访谈内容的效度。

3.2.3　访谈结果

用户是使用有声书平台的主体，也是对采纳行为最有发言权的群体，虽然用户很难说出跟模型吻合的关键词和指标，但通过访谈者的引导，加上采用文本内容分析法，我们依然可以从用户访谈内容中归纳出更符合本研究情景的变量。

（1）听书需求

8 名受访者表示自己有收听有声书需求，当问及受访者出于何种原因开始尝试使用有声书平台时，大多数受访者提及了碎片化时间利用或是喜爱这种阅读方式。部分访谈内容如下：

受访用户 A1 表示自己学业任务繁重，喜欢利用空闲时间收听有声书："我本身是很爱看书的，尤其是历史类小说，但是平时科研任务较重，阅读专业类的书籍已经让我耗费过多的精力，不可能抽出太多的时间去看自己感兴趣的书，但是我却可以利用中午的时间，边吃饭边听喜马拉雅平台上提供的有声书。"

受访用户 A4 表示自己需要在通勤路上学习一点新的知识："我家离上班的地点较远，每日消耗在地铁上的时间总共超过 3 小时，想把这 3 小时利用起来获取一些新知识，我喜欢将有声书 APP 下载到手机中，利用通勤时间收听各种内容，我也不光听有声书，还喜欢平台中提供的其他音频内容。"

受访用户 A6 表示有声书这种伴随式的阅读方式可以排解他的寂寞："我会一边做家务一边用有声书平台收听有声内容，也不指望学到什么知识，就是觉得听着有声内容让我觉得不那么寂寞。"

受访者 A7 表示用听觉阅读能让眼睛得到休息："我喜欢在睡前听有声书入眠，熄灯后看屏幕对视力不好，我会选择听书来助我入眠。"

(2)有声书平台功能

有 5 名受访者谈到有声书平台所提供的功能是引发他们开始使用的关键。包括海量的有声内容、便捷的搜索方式和高质量的内容。部分访谈内容如下。

受访用户 A2 指出有声书平台都有专人审核内容，质量比较有保障："罗振宇主推的得到 APP 宣传口号就是'每天听本书'，该平台推送的有声内容都是经过专业人士制作的精品，而且每一节的时长都控制在 20 分钟左右，符合我对有声书时长的需求。"

受访者 A3 表示有声书平台像一个大型的有声内容数据库，品类齐全丰富："我使用过很多有声书平台，从网页版到移动端版本，大多数有声书平台储备内容还是很丰富的，就拿喜马拉雅平台来说吧，光《明朝那些事儿》的有声版本就有 5 种，我总能挑到自己喜欢的那一款。"

受访用户 A7 表示有声书平台让他搜索有声内容效率更高："有声书平台能提供海量的有声阅读内容，它节省了我的搜索时间，提升了查询效率。"

(3)社会影响

有 5 名受访用户表示是周边环境的影响，使得自己开始使用有声书平台。包括家人、同事和好友等，部分访谈内容如下。

受访用户 A5 回忆起他开始使用有声书平台的情景，主要是受到网络媒体的影响："我周围使用有声书平台的人并不多，即便有，也没人跟我推荐过，我尝试使用有声书平台是因为受到了网络节目的影响，奇葩说这档节目中屡次推荐'得到 APP'，所以我决定尝试下载使用，后来觉得不错，就陆续开始使用喜马拉雅平台。"

受访用户 A6 表示他经常看见室友使用有声书平台，受此影响他也开始关注和使用有声书平台："我室友喜欢在懒人听书网上听玄幻小说，并总把内容转发到微信朋友圈，我开始听后也觉得不错，便开始在网上找各种有声书资源。"

受访用户 A8 表示他之所以使用有声书平台，主要是受到朋友推荐的影响："我一般使用'静雅思听网'听有声书，这个平台比较小众。是我朋友推荐我使用的，它内容偏向于散文和知识类有声书，是纯粹的 PGC 平台，制作很精良，比较符合文艺青年的口味。"

(4)个人创新意识

有 2 名受访用户认为自己喜欢尝试新鲜事物，如果某网站或者应用比较流行，他们就会尝试使用。访谈内容如下。

受访用户 A11 表示自己想尝试一下听觉阅读的感受："以前我多使用眼睛阅读，现在我可以尝试一下听觉阅读，作为我阅读形式的补充，所以就开始关注和使用有声书平台了。"

受访用户 A12 表示自己对各类移动应用比较感兴趣，喜欢尝试各类 APP："我算是手机应用达人了，总是下载各种新推出的手机应用，我无意中搜到 APP Store 中有喜马拉雅出品的听书神器应用，便下载来使用了。"

3.3 影响因素与假设

3.3.1 听书需求

在本研究情景中,听书需求将取代任务技术匹配模型中的任务特征成为新的影响因素。在访谈的过程中,多名受访者都提到出于自身和客观条件的原因,有收听有声书的需求,他们或是出于对碎片化时间的利用,或是热衷于听觉阅读。近年来随着各方资源的投入,有声书内容逐步多元化,质量也有所提升,用户群不再单单是视力障碍者和开车族,还吸引了众多青少年和白领加入用户群。在本研究情境中,听书需求比任务特性这一影响因素的针对性更强。

在原有任务技术匹配模型中,任务特征是指用户需求的特点,它是判断任务/技术匹配度的逻辑起点,在相关研究中,大多数学者已经证实了任务特征正向影响任务/技术匹配度。Zhou T 等在分析用户采纳移动银行的影响因素时,发现用户对银行业务的需求特征能显著影响任务/技术匹配度。① 刘炜在研究老年用户社会网络服务采纳行为时,证明老年人的交际需求正向影响任务/技术匹配度。② D'Ambra J、Wilson C、Akter S 分析高校学者对电子书的采纳行为影响因素时,发现学者的任务需求特性正向影响任务/技术匹配度。③ Vongjaturapat S、Chaveesuk S、Chotikakamthorn N 等研究用户使用图书馆内信息服务平台的影响因素,发现用户的搜索需求对

---

① Zhou T, Lu Y, Wang B. Integrating TTF and UTAUT to Explain Mobile Banking User Adoption[J]. Computers in Human Behavior, 2010, 26(4): 760-767.

② 刘炜. 基于扩展 TTF 和 UTAUT 模型的老年用户社会化网络服务采纳行为研究[J]. 软科学, 29(3): 120-124.

③ D'Ambra J, Wilson C, Akter S. Application of the Task-Technology Fit (TTF) Model to Structure and Evaluate the Adoption of E-books by Academics[M]. Journal of the American Society for Information Science and Technology, 2012: 56-67.

任务/技术匹配度有显著的影响。① 因此，本研究提出了以下假设：

H1：听书需求正向影响任务/技术匹配度

3.3.2 有声书平台功能

在本研究中，有声书平台功能即是 TTF 模型中的技术特征变量。有声书平台的主要功能是向用户提供有声内容服务，相较于传统的听书方式具有极大的优势，它能够方便、快捷、及时地向用户提供听书服务，受访者也表示有声书平台的功能是他们采纳平台的重要因素。在过往的研究中，Dishaw M T 和 Strong D M 在运用任务/技术匹配模型分析用户采纳软件时，将软件功能取代技术特征，并指出只有在软件功能支持用户任务时才会被采纳，并证明软件功能正向影响任务/技术匹配度。② Kilmon C A、Fagan M H、Pandey V 等在分析医生和护士采纳电子医疗档案行为时，用电子医疗档案功能取代技术特征，发现电子医疗档案的功能能正向影响任务/技术匹配度。③ Zigurs I 和 Buckland B K 在研究组织支持系统中，将组织支持系统功能代替技术特征，并证明组织支持系统功能能正向影响任务/技术匹配度。④ 因此，本研究提出以下假设：

---

① Vongjaturapat S, Chaveesuk S, Chotikakamthorn N, et al. Analysis of Factor Influencing the Tablet Acceptance for Library Information Services: A Combination of UTAUT and TTF Model[J]. Journal of Information & Knowledge Management, 2015, 14(3): 155.

② Dishaw M T, Strong D M. Supporting Software Maintenance with Software Engineering Tools: A Computed Task-technology Fit Analysis [J]. Journal of Systems & Software, 1998, 44(2): 107-120.

③ Kilmon C A, Fagan M H, Pandey V, Belt T. Using the Task Technology Fit Model as a Diagnostic Tool for Electronic Medical Records Systems Evaluation [J]. Issues in Information Systems, 2008, 9(2): 196-204.

④ Zigurs I, Buckland B K. A Theory of Task/Technology Fit and Group Support Systems Effectiveness[J]. Mis Quarterly, 1998, 22(3): 313-334.

H2：有声书平台功能正向影响任务/技术匹配度

3.3.3 任务/技术匹配度

根据 TTF 理论，任务/技术匹配度越高，说明系统的功能越能满足用户的任务需求，用户采纳信息系统的可能性就越大。在本研究中，用户听书需求与有声书平台功能的匹配度越高，则用户的采纳意愿就越大。在相关研究中，Goodhue D L 和 Thompson R L 研究认为，用户对任务/技术匹配度的评估会影响用户的使用行为，并有正向显著影响;[1] 张坤、张鹏等将 TTF 与 UTAUT 模型整合后分析旅游 App 用户使用影响因素，实证分析发现任务/技术匹配度与用户使用旅游 App 意愿有着正向关系。[2] Tai Y M 和 Ku Y C 在分析移动保险服务平台用户采纳行为影响因素时，也通过实证分析发现任务/技术匹配度能够正向影响用户采纳移动保险意愿。[3] 故本研究提出以下假设：

H3：任务/技术匹配度正向影响采纳意愿

3.3.4 绩效期望

绩效期望是 UTAUT 模型中重要的指标变量，是指用户通过采纳新信息系统能够提高的工作绩效程度。[4] 一般而言，当用户考虑采纳使用新的信息系统之前，他们会将新的信息系统与现有的信息系统进行对比，考虑

---

① Goodhue D L, Thompson R L. Task-Technology Fit and Individual Performance[J]. Mis Quarterly, 1995, 19(2)：213-236.

② 张坤，张鹏，张野. 基于 UTAUT 和 TTF 理论的旅游 APP 用户使用影响因素及行为研究[J]. 企业经济, 2016(9)：150-156.

③ Tai Y M, Ku Y C. Will Insurance Brokers Use Mobile Insurance Service Platform：An Integration of UTAUT and TTF[J]. AMCIS 2014 Proceedings, 2014：1-7.

④ Venkatesh V, Davis F D. User Acceptance of Information Technology：Toward A Unified View[J]. Mis Quarterly, 2003, 27(3)：425-478.

新的信息系统能否提高他们完成任务的效率。在本研究情境中，绩效期望是指有声书平台给用户带来的使用收益，有声书平台聚合大量有声资源，为用户提供优质、快捷的听书服务，能让用户听书的效率提升，这也成为用户采纳有声书平台的因素之一。UTAUT 模型经常被用于网络平台用户行为的研究，其中绩效期待正向影响用户使用意愿也被多次验证。Alawadhi S 和 Morris A 在分析科威特的电子政府服务系统用户采纳行为时，证明用户对电子政务服务系统的绩效期待正向显著影响用户使用意愿。① Foon Y S 和 Fah B C Y 在研究吉隆坡居民对网络银行的使用意图时，证明绩效期待对用户使用意图有正向影响。② 故本研究提出以下假设：

H4：绩效期望正向影响采纳意愿

3.3.5 努力期待

努力期待是指用户在使用信息系统技术时所需要付出的努力程度，若信息系统操作复杂且使用困难，用户将会付出更多的努力去学习新技术，此时用户的采纳意愿就会降低；而操作简单且使用方便，用户很容易学会操作流程，则用户的采纳意愿就会上升。③ 在以往的研究中，Cody-Allen E、Kishore R 对用户使用电子商务的影响因素分析中，证明用户对电子商务系统的努力期望正向影响用户使用电子商务的意图。④ Alshehri M、Drew

---

① Alawadhi S, Morris A. The Use of the UTAUT Model in the Adoption of E-Government Services in Kuwait[C]// Hawaii International Conference on System Sciences, Proceedings of the IEEE, 2008: 219-219.

② Foon Y S, Fah B C Y. Internet Banking Adoption in Kuala Lumpur: An Application of UTAUT Model[J]. International Journal of Business & Management, 2011, 6(4): 56-59.

③ Venkatesh V, Davis F D. User Acceptance of Information Technology: Toward A Unified View[J]. Mis Quarterly, 2003, 27(3): 425-478.

④ Cody-Allen E, Kishore R. An Extension of the UTAUT Model with E-quality, Trust, and Satisfaction Constructs[C] ACM Sigmis CPR Conference on Computer Personnel Research: Forty Four Years of Computer Personnel Research: Achievements, Challenges & the Future, 2006: 82-89.

S、Alhussain T 等在借助 UTAUT 模型分析公民采纳电子政府服务时，证明公民对系统的努力期待正向影响公民采纳电子政府服务的意愿。[①] Thomas T D 等在研究圭亚那人采纳移动在线学习平台影响因素时，也发现圭亚那人对在线学习平台的努力期待正向影响采纳移动在线学习平台的意愿。[②] 因此，提出了以下假设：

H5：努力期待正向影响用户使用意愿

3.3.6　社会影响

社会影响是技术接受和统一使用理论模型中原本存在的指标变量，在访谈中也有几位受访者提到这一影响因素。社会影响是指用户周围舆论环境或者对自己有重要影响的人所持有的使用某种新技术或者服务的态度。社会影响对用户使用信息系统意愿有着正向作用这一论断，已在大量的实证研究中得到证实。Attuquayefio N B、Addo H 在研究加纳大学生采纳信息通信技术（ICT）行为时，证明社会影响对学生群体采纳信息通信技术的态度有正向作用。[③] Rahman A L A、Jamaludin A 和 Mahmud Z 在分析马来西亚研究生采纳数字图书馆平台时，证明社会影响对研究生采纳数字图书馆有着较大影响。[④] 在本研究情境中，社会影响指用户采纳使用有声书平台时

---

① Alshehri M, Drew S, Alhussain T, et al. The Effects of Website Quality on Adoption of E-Government Service: An Empirical Study Applying UTAUT Model Using SEM[C]//23rd Australasian Conference on Information Systems, 2012: 1-13.

② Thomas T D, Singh L, Gaffar K. The Utility of the UTAUT Model in Explaining Mobile Learning Adoption in Higher Education in Guyana[J]. Education & Development Using Information & Communication Technology, 2013, 9(3): 71-85.

③ Attuquayefio N B, Addo H. Using the UTAUT Model to Analyze Students' ICT Adoption[J]. International Journal of Education & Development Using Information & Communication Technology, 2014, 10(3): 75-86.

④ Rahman A L A, Jamaludin A, Mahmud Z. Intention to Use Digital Library Based on Modified UTAUT Model: Perspectives of Malaysian Postgraduate Students[J]. Proceedings of World Academy of Science Engineering & Technology, 2011(75): 116.

受到了身边重要的人的建议及行为的社群影响，以及周边舆论公关影响。因此，提出以下假设：

H6：社会影响正向影响用户使用意愿

3.3.7 个人创新性

在本研究中，个人创新性取代技术接受和统一使用理论模型中的便利条件这一指标变量。技术接受和统一使用理论模型中便利条件这一潜变量，是指用户自己所认为现有的技术或者组织环境对于其使用该信息系统的支持程度，即采用新技术或服务所具备的硬件条件。在访谈过程中，大多数受访者表示便利条件不是他们采纳有声书平台的影响因素，造成此现象的原因主要是个人计算机和移动终端的高度普及性，让用户降低了对便利条件的感知度。故在本研究情境中将其去掉。

在本研究情境中，个人创新性是指用户对待新的信息系统的态度。在相关的研究中，Lu J、Yao J E 和 Yu C S 在分析中国用户采纳无线网络服务时，证明个人创新性对用户的采纳意愿有显著正向影响。[①] Lee H Y、Qu H 和 Kim Y S 通过实证研究发现，个人创新意识对韩国用户网上购物意识有着正向影响，如果用户喜爱尝试新事物，那么他们选择网上购物的可能性就会更大。[②] 因此，提出以下假设：

H7：个人创新意识正向影响用户使用意愿

---

① Lu J, Yao J E, Yu C S. Personal Innovativeness, Social Influences and Adoption of Wireless Internet Services via Mobile Technology[J]. Journal of Strategic Information Systems, 2005, 14(3): 245-268.

② Lee H Y, Qu H, Kim Y S. A Study of the Impact of Personal Innovativeness on Online Travel Shopping Behavior—A Case Study of Korean Travelers [J]. Tourism Management, 2007, 28(3): 886-897.

3.3.8 采纳意愿

采纳意愿在各种用户采纳行为的实证研究中被反复提到，它是用户对采纳某种事物的主观倾向，并可以用来预测用户行为动机和行为的产生。Parthasarathy M、Bhattacherjee A 在研究用户采纳在线服务行为时，认为网络用户采纳意愿直接正向影响用户采纳在线服务的行为。[①] 杨丽娜、孟昭宽、肖克曦等在研究用户采纳学习型虚拟社区影响因素时，证明虚拟学习社区用户采纳意愿直接正向影响用户对虚拟社区的采纳行为。[②] 因此，提出以下假设：

H8：采纳意愿正向影响用户使用行为

3.3.9 采纳行为

采纳行为是理论模型最终指向的变量，在本研究情境中，用户采纳行为是指用户开始接触或者初次使用有声书平台的行为，属于一种实际行为，是本研究模型的最终目的，是核心因变量，主要受到用户采纳意愿的影响。

3.4 理论模型构建

本研究在分析有声书平台用户采纳行为时，借鉴前人的研究，将UTAUT 模型和 TTF 模型整合成为基础理论，并根据用户访谈内容重新确定

---

① Parthasarathy M, Bhattacherjee A. Understanding Post-Adoption Behavior in the Context of Online Services[J]. Information Systems Research, 1998, 9(4): 362-379.

② 杨丽娜，孟昭宽，肖克曦，等. 虚拟学习社区采纳行为影响因素实证研究[J]. 电化教育研究，2012(4)：47-51.

有声书平台采纳使用行为的影响因素，构建了有声书平台用户采纳行为影响因素模型。该模型主要包括听书需求、有声书平台功能、绩效期望、努力期望、社会影响、个人创新意识、任务/技术匹配度、采纳意愿、采纳行为9个潜在变量，如图3.3所示。

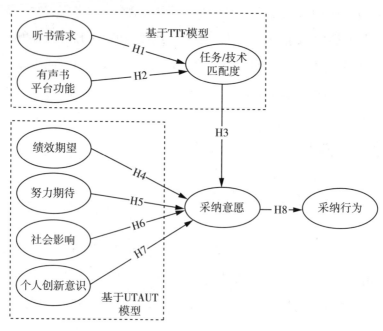

图3.3　有声书平台用户采纳行为影响因素理论模型

3.5　量表设计与数据收集

3.5.1　量表设计

为验证有声书平台用户采纳行为影响因素模型中各变量间的关系是否成立，本研究将采用结构方程模型法验证理论模型中各变量之间的假设关系。在本模型中，9个潜变量均需要进行可操作化处理才能进行后续的量化分析，通过可直接测量的问项获取所需要的样本数据。

本研究在综合分析国内外相关领域研究的基础上，结合前期访谈的总结和研究情境的独特性，对相关测量项进行调整。在完成初步测量量表后，邀请 2 位从事量化分析研究的博士生，2 位来自懒人听书网的管理专家，3 位具备使用有声书平台经验的硕士研究生组成量表评定委员会，就量表的测量范畴、词汇、表达方式进行讨论，对问卷中重复、带有歧义的题项进行删改，最终形成了包含 9 个潜在变量、32 个测量项的问卷主表，潜变量与测量项对应关系见表 3.2。

表 3.2　　　　　　　　　　　　**变量测量项以及来源**

潜在变量	指标编码	测量问项	参考文献
听书需求	LN1	我喜欢听书这种阅读方式	Goodhue D L, Thompson R L① 和自行改编
	LN2	我会利用碎片化时间听书以获取一些信息	
	LN3	我总利用闲暇时间听有声内容	
有声书平台功能	PF1	有声书平台可以促进碎片化时间的利用	Goodhue D L, Thompson R L②
	PF2	有声书平台能提供足够丰富的有声内容	
	PF3	有声书平台能提供高质量的有声内容	
任务/技术匹配度	TTF1	我能从有声书平台随时随地获取有声内容	Zigurs I, Buckland B K③
	TTF2	我能从有声书平台高效地获取有声内容	
	TTF3	我能从有声书平台获取高质量的有声内容	
	TTF4	总体上说，有声书平台很好地满足了我的听书需求	

①　Goodhue D L, Thompson R L. Task-technology Fit and Individual Performance[J]. Mis Quarterly, 1995, 19(2)：213-236.

②　Goodhue D L, Thompson R L. Task-technology Fit and Individual Performance[J]. Mis Quarterly, 1995, 19(2)：213-236.

③　Zigurs I, Buckland B K. A Theory of Task/Technology Fit and Group Support Systems Effectiveness[J]. Mis Quarterly, 1998, 22(3)：313-334.

续表

潜在变量	指标编码	测 量 问 项	参考文献
绩效期望	PEE1	有声书平台提高了我的阅读效率	Venkatesh V 等①
	PEE2	与用眼看文字的阅读相比，有声书平台带有背景音乐，使我能更好地理解书中内容	
	PEE3	使用有声书平台听书，能放松我的双眼，避免眼疲劳程度的加深	
	PEE4	使用有声书平台听书，能够允许我同时做别的事情	
努力期待	EFF1	从有声书平台中找到听书资源，对于我是容易的	Venkatesh V 等②
	EFF2	熟练使用有声书平台的各项功能，对于我是容易的	
	EFF3	我能很轻松地听清楚有声书平台提供的有声内容	
	EFF4	我与有声书平台功能的交互是清晰明白的	
社会影响	SOI1	老师、同学、朋友等对有声书平台的推荐，对我使用有声书平台有较大影响	Venkatesh V 等③
	SOI2	图书馆、手机通信运营商(电信、移动或联通)对有声书平台的宣传与推荐，对我使用有声书平台有较大影响	
	SOI3	当有意见领袖推荐有声书平台后，我会更愿意使用它(例如，罗振宇推荐的得到APP)	
	SOI4	使用有声书平台让我在生活圈子中有了紧跟时代潮流的形象	

① Venkatesh V, Morris M G, Davis G B, et al. User Acceptance of Information Technology：Toward a Unified View[J]. Mis Quarterly, 2003, 27(3)：425-478.

② Venkatesh V, Morris M G, Davis G B, et al. User Acceptance of Information Technology：Toward a Unified View[J]. Mis Quarterly, 2003, 27(3)：425-478.

③ Venkatesh V, Morris M G, Davis G B, et al. User Acceptance of Information Technology：Toward a Unified View[J]. Mis Quarterly, 2003, 27(3)：425-478.

续表

潜在变量	指标编码	测量问项	参考文献
个人创新性	PI1	我平时会关注一些新的科技产品或服务动向	Lee H Y, Qu H, Kim Y S①
	PI2	我通常比我周围的人要先使用新的产品或服务	
	PI3	总的来说，我是一个乐于接受新鲜事物的人	
采纳意愿	AI1	我喜欢使用有声书平台收听有声内容	Parthasarathy M 等②
	AI2	我喜欢有声书平台提供的各项功能和服务	
	AI3	我的阅读习惯受到有声书平台的影响	
	AI4	总之，我喜欢使用有声书平台	
采纳行为	USE1	我已经开始使用有声书平台	Venkatesh V 等③
	USE2	有空闲时间时，我会选择使用有声书平台	
	USE3	我有时会一边做别的事，一边使用有声书平台听书	

3.5.2 问卷设计与预处理

完成各个潜变量的测量项目设计后，采用 7 级李克特量表的形式对各个测量指标进行录入。初始问卷包括两个部分：第一，调研对象的基本情况。包括性别、年龄、学历、职业等，笔者根据以往调研经验，将此部分放置问卷末尾处更容易被受访者所接受；第二，由 9 个潜变量组成的 32 个测量项调研问题。

① Lee H Y, Qu H, Kim Y S. A Study of the Impact of Personal Innovativeness on Online Travel Shopping Behavior—A Case Study of Korean Travelers [J]. Tourism Management, 2007, 28(3): 886-897.

② Parthasarathy M, Bhattacherjee A. Understanding Post-Adoption Behavior in the Context of Online Services[J]. Information Systems Research, 1998, 9(4): 362-379.

③ Venkatesh V, Morris M G, Davis G B, et al. User Acceptance of Information Technology: Toward a Unified View[J]. Mis Quarterly, 2003, 27(3): 425-478.

为了确保调研的科学性和严谨性，本研究问卷先发放给笔者身边有使用有声书平台习惯的人群进行预调研，最后共收集到 50 份问卷。根据预调研结果，笔者对部分题目顺序、内容进行微调。（最终问卷如附录 3 所示）

3.5.3 样本数据获取以及处理

（1）问卷发放和收集

在对初始问卷进行调整后，笔者在问卷星平台录入最终设计的问卷。为保证样本的有效性，本问卷只向前期调研筛选出的 470 位用户发放问卷。他们同时具备用户采纳、持续使用和内容付费三种行为。这部分用户主要来自有声书有偿试音群、有声资源交换群、喜马拉雅用户交流群、懒人听书网用户交流群、蜻蜓 FM 用户等。

此次调研时间起止时间为 2018 年 1 月 4 日至 1 月 28 日，共收回 390 份答卷，随后，对 390 份原始数据进行整理，将不适用的样本数据剔除。整理原则如下：第一，由于本问卷题项较多，若调研对象的作答时间少于 180 秒，则被视为用户随意填写，将被剔除数据；第二，所用题项均选同一答案者，也被视为随意填写，将被剔除数据。经过人工整理，最后得到 375 份有效样本数据，回收样本数据有效率为 96.2%。

（2）样本数据描述性统计

对 375 份有效样本数据的被调查者进行基本信息的统计性描述，见表 3.3。①从性别结构上看，男性 182 人，占比 48.5%；女性 193 人，占比 51.4%。被调研者男女性别趋于平衡。②从年龄结构来看，受访者多在 26~30 岁和 31~40 岁这两个年龄段，分别是 103 人和 143 人。③从学历来看，本科学历者最多，为 190 人，占比 50.6%。④从职业来看，企业管理者居多，58 人，占总体 15.4%。从描述性分析来看，调研对象囊括社会各级人员，范围较广。

表 3.3　　　　　　　　　　**样本数据描述性统计量**

统计项	类别	频次	占比%
性别	男	182	48.5
	女	193	51.5
	合计	375	100
年龄（岁）	18~25	46	12.2
	26~30	108	28.8
	31~40	143	38.1
	41~50	56	14.9
	51~60	19	5.1
	60 以上	3	0.8
	合计	375	100
学历	初中及以下	15	4.1
	高中	17	4.5
	中专	64	17.1
	大专	63	16.8
	本科	190	50.6
	硕士及以上	16	4.2
	合计	375	100
职业	全日制学生	88	23.4
	生产销售人员	14	3.7
	销售人员	14	3.7
	市场/公关人员	8	2.1
	客服人员	10	2.6
	行政后勤人员	31	8.7
	人力资源	14	3.7
	财务人员	22	5.8
	文职人员	28	7.4
	技术人员	32	8.5
	管理人员	59	15.5
	教师	17	4.5
	顾问	15	4.0
	专业人士(医生、律师等)	13	3.4
	合计	375	100

3.6　模型信度效度检验

在对假设模型进行分析前，需对数据进行信度和效度的双重检验，以确保收集的数据能适用于本研究模型。本研究模型问卷虽参考了前人的成熟问卷，但也经过较大情境化的改编，故先对测量模型进行信效度检验，再对结构模型进行信效度分析，以确保研究的科学性和精确性。

信度分析是判断研究数据是否可靠的重要指标之一，通常是指利用问卷或者测量工具所测数据结果的一致性、稳定性及可靠性。① 目前常用的信度分析方法有重测信度、复本信度、折半信度和内部一致性信度等方法。本研究采用内部一致性信息来检测问卷数据的信度，也就是同一潜变量下各个指标问项是否一致地测量该维度，主要采用 Cronbach α 系数来检验问卷的内部信度；测量模型的信度指标由组合信度值（Composite Reliability，CR）、平均方差抽取量（Average Variance Extraced，AVE）两项数据构成，以解释和反映模型的内部一致性信度。

效度分析即判断数据是否有效，用来评价测量手段或工具能否准确地反映所需测量目标的程度，一般分为内容效度、结构效度和效标关联效度。② 内容效度通常是指问卷题项是否恰当地反映了潜变量，本研究中的 9 个潜变量大部分是由前人的成熟量表改编而成，或是在问卷编制专家小组的讨论下编制而成，故可以保证问卷和测量模型的内容效度。而结构效度主要考察收敛效度、区分效度两个维度，本研究中问卷的收敛效度通过观察各潜变量测度项的因子载荷的数值来判断，若因子载荷大于 0.6 或者具有统计意义上的显著性则表明该潜变量具有较高的聚合效度；模型收敛效度依靠观察平方差值（AVE）的数值来判断。测量模型的区别效度则是通过

① 吴明隆.结构方程模型——AMOS 的操作与应用（第 2 版）［M］.重庆：重庆大学出版社，2010：30.

② 吴明隆.结构方程模型——AMOS 的操作与应用（第 2 版）［M］.重庆：重庆大学出版社，2010：30.

比较因子载荷和交叉因子载荷，判定潜变量之间的区分效度；结构模型的区别效度则是通过观察潜变量间的 AVE 的平方根和相关系数，以判定模型的区别效度。

3.6.1 测量模型信效度检验

信度检验。本研究通过观察检验平均萃取方差（Average Variance Extracted，AVE）、复合信度（Composite Reliability，CR）和克隆巴赫系数（Cronbach's Alpha）三项数据以判定模型的信度。根据 Chin W W 的标准，AVE、CR、克隆巴赫系数的临界值分别需要在 0.5、0.7 和 0.7 以上，方可证明数据信度可靠。[①] 检验过程在结构方程模型计算软件 SmartPLS 内完成，最终结果见表 3.4。最小测量项的 AVE 值为 0.638、CR 值为 0.827、克隆巴赫系数为 0.726，均大于临界值，可证明样本数据内部一致性较好，测量模型的信度较高。此外，在内容有效性上，由于测量指标题项大多改编自已有的文献，或者是经过专家小组商议后得出的问题项，故可以认为内容效度较好，见表 3.4。

表 3.4　　　　　　　　各测量度因子载荷和变量组合信度

变　量	测量题项	因子载荷	组合信度（CR）	平均提取方差值（AVE）	克隆巴赫系数
听书需求	LN1	0.874	0.867	0.660	0.726
	LN2	0.832			
	LN3	0.891			

① Chin W W. The Partial Least Squares Approach for Structural Equation Modeling [M]. Marcoulides G A. Modern Methods, for Business Research. Lawrence Erlbaum Associates Publishers, 1998：295-336.

续表

变 量	测量题项	因子载荷	组合信度（CR）	平均提取方差值（AVE）	克隆巴赫系数
有声书平台功能	PF1	0.815	0.828	0.667	0.736
	PF2	0.817			
	PF3	0.878			
任务/技术匹配度	TTF1	0.857	0.856	0.698	0.856
	TTF2	0.834			
	TTF3	0.856			
	TTF4	0.837			
绩效期待	PEE1	0.767	0.876	0.647	0.838
	PEE2	0.797			
	PEE3	0.789			
	PEE4	0.827			
努力期待	EFF1	0.867	0.875	0.678	0.838
	EFF2	0.778			
	EFF3	0.838			
	EFF4	0.797			
社会影响	SOI1	0.813	0.827	0.638	0.829
	SOI2	0.826			
	SOI3	0.828			
	SOI4	0.898			
个人创新意识	PI1	0.878	0.886	0.737	0.846
	PI2	0.821			
	PI3	0.851			
采纳意愿	AI1	0.856	0.916	0.717	0.819
	AI2	0.882			
	AI3	0.898			
	AI4	0.867			

续表

变 量	测量题项	因子载荷	组合信度（CR）	平均提取方差值（AVE）	克隆巴赫系数
采纳行为	USE1	0.859	0.912	0.787	0.856
	USE2	0.857			
	USE3	0.832			

效度检验。收敛效度（Convergent Validity）和区分效度（Discriminant Validity）是观测每个指标所测变量与理论因素一致性的两项重要指标。收敛效度指不同测量指标与所测同一变量间的一致性程度，通过观察潜变量与测试项目之间的因子载荷数值（Loading）来判断。就社会科学研究而言，结构方程模型因子负载数的计算统计结果为：因子负载数值大于 0.6，即表明收敛效度符合要求。[1][2] 由表 3.4 可知，各潜变量的测量因子载荷均在 0.6 以上，故可证明所有变量都具有较好的收敛效度。区分效度是指各个潜在变量的测度项之间具有的差异性程度，通过比较变量间的相关系数与 AVE 的平方根进行检验。当变量 AVE 值的平方根数值要大于该变量与其他变量的相关系数时，则可判断其区分效度良好。本研究的区别效度通过使用 SmartPLS 统计软件进行计算和观察。通过比较某潜变量与其他潜变量的相关系数 AVE 的算术平方根以判断区别效度，由表 3.5 可知，各潜在变量的 AVE 平方根均大于其他潜变量的相关系数，故可以判断各个潜变量之间的区分效度良好，即本测量模型的区分效度可以得到保证。

---

[1] Fornell C, Larcker D F. Evaluating Structural Equation Models with Unobservable Variables and Measurement Error[J]. Journal of Marketing Research, 1981, 18(1)：39-50.

[2] 注：社会科学领域研究，常需处理不可直接观测的变量。结构方程模型分析法与传统统计方法不同，可以替代多重回归、通径分析、因子分析、协方差分析等方法，检测不可测变量间的相互关系。结构方程模型因子载荷是指每项测量变量与潜变量之间关系的系数值，并非每项变量在总体中所占比例的系数，因此结构方程模型每项的因子载荷只需大于 0.6 即可，不需加权总和等于 1。下同。

表 3.5   各潜在变量间相关系数与 AVE 的平方根

	个人 创新性	任务技术 匹配度	努力 期待	听书 需求	平台 功能	社会 影响	绩效 期待	采纳 意愿	采纳 行为
个人创新性	**0.876**								
任务技术 匹配度	0.651	**0.896**							
努力期待	0.681	0.701	**0.901**						
听书需求	0.626	0.653	0.533	**0.898**					
平台功能	0.675	0.766	0.721	0.653	**0.857**				
社会影响	0.634	0.521	0.666	0.503	0.556	**0.883**			
绩效期待	0.678	0.529	0.750	0.675	0.555	0.794	**0.889**		
采纳意愿	0.701	0.589	0.578	0.632	0.639	0.748	0.622	**0.862**	
采纳行为	0.688	0.685	0.668	0.693	0.621	0.536	0.680	0.699	**0.909**

说明：粗体字为潜在变量的 AVE 平方根，其他为潜在变量间的相关系数。

由表 3.5 可知，各个潜变量的 AVE 平方根均大于其他潜变量的相关系数，表明各个潜变量之间具有良好的区分效度，故本测量模型的区分效度可以得到保证。

3.6.2 结构模型检验结果

关于结构模型的检验包括对潜在变量之间关系强弱和内生变量的解释度(R^2 值)的检验，前者是对路径系数的估计，主要是对 SmartPLS 软件所计算出的路径系数、显著度水平(T 值)进行判断；后者内生变量的解释度(R^2 值)是考察模型内生变量被解释效果的基本指标，是用来评价模型内部外生变量对内生变量解释效果的重要指标，R^2 的数值越大，内生变量的被解释程度就越高，模型的结构效果就越好。社会科学研究中，R^2 值大于或者等于 0.5 被认为解释力度较好。①

本研究使用 SmartPLS 统计软件提供的 Bootstrap 重复样本抽样法对结构模型完成参数检验。Bootstrap 重复抽样法通过对收集的问卷进行重复性的随机抽取，对每一组再抽样样本进行相同的模型估计，用得到的多组参数估计值构造 t 统计量，对模型路径的显著度进行检验，这是结构方程模型分析中常用的检验方法。结构模型路径系数、显著度水平(T 值)的检验结果如图 3.4 所示：

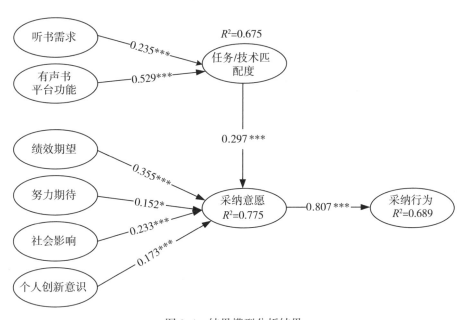

图 3.4　结果模型分析结果

结构模型路径系数、显著度水平(T 值)的检验结果见表 3.6。听书需求(β = 0.235，T 值为 6.769)、有声书平台功能(β = 0.529，T 值为 18.169)对任务/技术匹配度有显著正向影响；任务/技术匹配度(β =

① Chin W W. The Partial Least Squares Approach for Structural Equation Modeling [M]. Marcoulides G A. Modern Methods, for Business Research. Lawrence Erlbaum Associates Publishers, 1998: 295-336.

0.297，T 值为 3.959）、绩效期望（β = 0.355，T 值为 5.307）、努力期望（β = 0.152，T 值为 2.571）、社会影响（β = 0.233，T 值为 4.217）和个人创新意识（β = 0.173，T 值为 3.358）几个影响因素都能正向影响用户采纳意愿，其中绩效期望和社会影响达到显著；采纳意愿（β = 0.807，T 值为 40.706）对采纳行为也有正向显著影响。

模型的变量解释的方差（R^2 值）是指外生变量对内生变量的解释程度，是判断假设模型效度的基本指标。在社会科学中，当内生变量的 R^2 值大于 0.19 时，表示解释力较好，当内生变量的 R^2 值大于 0.67 时表示模型对内生变量有很强的解释力。根据 SmartPLS 运算结果，有声书平台用户采纳行为、采纳意愿和任务/技术匹配度的 R^2 分别为 0.675、0.775、0.689，内生变量解释力较强，故此结果模型的效度较好。

3.6.3 模型假设检验

结合 8 个假设的内容与结构模型分析的结果，本研究从路径系数、显著度和假设因果关系方向几个层面，检验了理论模型中 8 个假设是否成立，研究假设的检验结果见表 3.6。

表 3.6 　　　　　　　　　　　　研究假设检验结果

假设	潜变量之间的假设关系	路径系数	T 值	显著度	检验结果
H1	听书需求正向影响任务/技术匹配度	0.235	6.769	***	成立
H2	有声书平台功能正向影响任务/技术匹配度	0.529	18.169	***	成立
H3	任务/技术匹配度正向影响采纳意愿	0.297	3.959	***	成立
H4	绩效期望正向影响采纳意愿	0.355	5.307	***	成立
H5	努力期望正向影响采纳意愿	0.152	2.571	*	成立
H6	社会影响正向影响采纳意愿	0.233	4.217	***	成立
H7	个人创新性正向影响采纳意愿	0.173	3.358	**	成立
H8	采纳意愿正向影响采纳行为	0.807	40.706	***	成立

检验结果表明，本模型所有假设都通过检验，其中假设 H5 努力期望正向影响采纳意愿的显著度小于 0.05，显著度一般；H7 个人创新性正向影响采纳意愿的显著度小于 0.01，显著度较好；其余假设的显著度均小于 0.001，显著度很好，且路径系数的正负关系也支持理论假设，具体路径如图 3.4 所示。

3.7 结论与探讨

经过以上实证研究分析，本书对理论模型中的假设进行了检验，明确了各潜在变量之间的关系。从分析结果来看，8 个假设都通过检验，但是部分假设关系的显著度较低，潜变量对用户采纳行为的影响大小也不一致，通过实证得出下列结论：

第一，用户的采纳意愿正向显著影响用户的采纳行为。

第二，按照对用户采纳行为影响大小排列，绩效期望、社会影响、任务/技术匹配度、努力期待、个人创新意识分别对用户采纳意愿产生直接影响，并间接影响用户采纳行为。

第三，听书需求与有声书平台功能正向显著影响任务/技术匹配度。

3.7.1 采纳意愿与采纳行为的关系探讨

研究发现，用户采纳意愿正向且显著影响用户采纳有声书平台的行为，即在有声书平台使用情境下，用户使用有声书平台意愿越强，其使用有声书平台的可能性就越大。在本模型中，用户采纳意愿每提升 1 个单位，则用户采纳行为就会提升约 0.8 个单位，两者关系紧密。用户采纳意愿能够在任务/技术匹配、绩效期望、努力期望、社会影响、个人创新意识与用户使用行为之间起到中介变量的作用，这与前人各类研究中的采纳意愿与采纳行为的关系相一致，即采纳意愿可以作为预测用户使用行为的中介变量，应重视用户采纳意愿对用户行为的影响。在实践层面，说明用户采纳有声书平台的意愿与用户使用有声书平台的行为有直接关系。随着网络与各类终端设备的普及，用户使用意愿与使用行为之间的鸿沟逐渐缩短，一旦用户产生尝试使用有声书平台的意愿，他就能很轻松地通过网络渠道找到或者下载到有声书平台并开始初步使用。

3.7.2　UTAUT 理论部分与采纳意愿的关系探讨

在本模型中 UTAUT 部分的假设都得到支持。根据实证表明，绩效期望、社会影响、努力期待和个人创新意识到用户采纳意愿的路径系数分别达到 0.355、0.233、0.152、0.173，绩效期望是影响用户采纳有声书平台意愿的最强因素，其次是社会影响、个人创新意识和努力期待。

绩效期望是影响用户采纳有声书平台意愿的最重要因素，即用户感知的绩效期望越大，他们越有可能产生使用意愿。当用户觉得从有声书平台获取的收益越大、越能满足他们的需求时，他们采纳有声书平台的意愿就越强。用户使用有声书平台，主要是为了获取知识及追求精神上的满足，若平台提供的服务和内容能满足用户在此方面的需求，用户的采纳意愿就会有所提升。因此，有声书平台企业在做宣传时，宜突出自身能提供的价值，尤其是将知识服务和提供精神享受的功能放在首位，直击用户需求痛点。

社会影响早已被证明是影响用户采纳信息系统的重要原因，在本模型中也不例外，有声书平台虽然发展迅速，但相较于视频平台、社交平台、购物平台等信息系统，它依然属于小众人群的选择，用户群体数量和影响力有限。因此，扩大有声书平台的社会影响是很有必要的，在充分考虑有声书平台特性的前提下，邀请文化圈的意见领袖入驻平台，发挥名人效应，吸引名人拥趸的关注以完成流量引入，也不失为一个理想的选择。以得到 APP 为例，该有声书平台能在上线不到两年时间内积累 359 万的用户量，与其邀请各界名人入驻，通过各种网络节目适时宣传不无关系。①

---

① 谢金钿，周建青. 知识付费运营特点及提升路径——以"得到"APP 为例[J]. 视听界，2017(5)：76-79.

　　个人创新意识能正向影响用户采纳意愿。在本模型中，用户个人创新性越强，他对采纳有声书平台的敏感性与接受性就越强，就越容易激发用户采纳意愿。因此，企业在选择营销对象时，应该重点选择年轻人群体，尤其是大学生，该群体的个人创新意识较强，愿意接触新生事物，在该群体内的推广必然高效。

　　努力期待与用户采纳意愿的假设关系也得到支持，但是显著度一般。在本模型假设中，努力期待是指用户使用有声书平台时所需要付出的努力程度，有声书平台操作越简单，用户的努力期待就越高，从而用户的采纳意愿就越高。在具体的实践中，有声书平台企业在对平台的设计和开发过程中除去满足用户基本功能需求外，还要充分重视用户体验，将安装、搜索、使用流程简便化，以提高用户的努力期待值。

3.7.3　TTF 模型部分与采纳意愿的关系讨论

　　研究结果显示，在本模型中任务/技术匹配度模型部分的假设也都得到支持。其中任务/技术匹配度正向显著影响用户采纳意愿；听书需求正向显著影响任务/技术匹配度；有声书平台功能正向显著影响任务/技术匹配度。

　　听书需求、有声书平台功能都正向显著影响任务/技术匹配度。用户的听书需求是产生感知任务/技术匹配度的基础，只有当用户具有听书需求时，它才会考虑有声书平台所提供的功能。有声书平台功能是指平台所提供的服务和内容，只有当平台功能越接近目标用户的需求时，用户感知到的任务/技术匹配度才会越高。

　　从实证研究结果可以看出，任务/技术匹配度对用户采纳意愿有正向影响。在本研究情景中，任务/技术匹配度是指用户的听书需求与有声书平台所提供服务的匹配程度，两者的匹配度越高，用户采纳意愿就越强烈；反之，则采纳意愿就越弱。有声书平台所提供的功能与服务都是围绕着用户听书需求展开，当用户感知自己的任务与平台所提供的技术吻合程度越高，他们采纳有声书平台的意愿就越强烈。故在具体实践中，有声书平台企业在设计、运营平台时，要充分了解目标用户的听书习惯和需求，以用户需求为核心来设计有声书平台。

3.8 本章小结

本章通过融合任务/技术匹配度模型理论与技术接受和统一使用理论，结合对有声书平台用户的深度访谈所归纳出的新要素，提出一个有声书平台用户采纳行为影响因素假设模型，并通过实证分析检验各个影响因素之间的关系，最终得出有声书平台用户采纳行为影响因素理论模型。

在检验假设模型时，本研究采用结构方程模型的研究方法，首先对每个潜在变量的测量题项进行了设计，再邀请各方专家对测量题项进行讨论、修改，并基于预调研的情况对问卷项目进行微调和修正。正式问卷发放给筛选出的用户，最终获得375份有效答卷。随后，通过 SmartPLS 统计软件对数据进行分析，发现测量模型与结构模型的信度、效度都通过检验，说明数据与模型的适配度较好，且8个假设都通过路径系数的显著性检验，外生变量对内生变量的解释力度都达到0.6的标准，表明本研究所构建的理论模型比较理想。

本理论模型的数据分析结论如下：第一，有声书平台用户的采纳意愿正向显著影响用户的采纳行为；第二，绩效期望、社会影响、任务/技术匹配度、努力期待、个人创新意识对用户采纳意愿产生直接影响，并间接影响用户采纳行为；第三，听书需求与有声书平台功能正向显著影响任务/技术匹配度。

4 有声书平台用户持续使用行为
影响因素分析

对于有声书平台而言，用户是其核心资源，用户的初始采纳行为只是其迈向成功的基础，而在采纳过后的持续频繁使用才是有声书平台良性发展的关键。有声书平台持续使用用户越多，用户整体黏度也就越大，平台的资本投资价值、市场竞争力也就越大。在有声书平台使用情景中，用户的采纳行为和持续使用行为有很大区别，很多用户在注册有声书平台账号后，并不积极使用，较少为平台贡献流量和点击率，对平台的增值促进较小。而用户的持续使用行为，能够增加平台的流量，提升平台的价值。有声书平台用户的持续使用行为类似于传统企业中客户的重复购买行为，是平台企业抢占市场、建立品牌、获取利润的关键。因此，有声书平台企业应该充分了解用户持续使用行为的影响因素，从而有效地制定应对策略，以提升用户黏度，加强自身的市场竞争力。

本章基于用户行为研究中经典的期望确认理论模型和信息系统成功模型，同时融合对用户深度访谈所归纳出的影响因素，以构建有声书平台用户持续使用行为影响因素理论模型。最终通过模型影响因素分析，为有声书平台企业改善服务和运营策略提供理论依据。

4.1 基础理论模型

4.1.1 期望确认理论模型

期望确认理论(Expectation Confirmation Theory, ECT)诞生于 20 世纪 70 年代，那时学界开始关注客户满意度的研究，并由 Oliver 在研究消费者满意度的时候正式提出。由于期望确认理论(ECT)较其他理论拥有更好的解释和预测能力，故而很快被广泛用于研究消费者满意度或购后行为。根据期望确认理论，用户购买意愿的产生如下：首先，消费者对某一产品或服务形成初始期望；其次，人们使用产品或接受服务，对此形成感知绩效；再次，人们将形成的感知绩效同最初的期望作对比，以此来决定他们的期望确认程度；最后，人们根据期望的确认程度形成购后态度，以此决定是否产生重购意愿。

期望确认理论模型是 Bhattacherjee A 在融合 Oliver 的期望确认理论和 Davis 的技术接受模型基础上，所提出的一个用于解释信息系统用户持续使用行为的理论模型。最初的期望确认理论模型由感知有用性(Perceived Usefulness)、用户体验满意度(Satisfaction)、期望确认度(Confirmation)和用户持续使用意愿(Continual Usage Intention)四个潜变量组成。[①] 其中，感知有用性是指用户感知到的使用信息系统将会提高完成目标绩效的程度。期望确认度是指用户在使用信息系统前后所形成的体验差距，用户在使用信息系统前会有一种初始预期，当用户使用后的期望值大于初始预期，则用户期望确认度就相对较高；反之，则相对较低。而满意度是用户使用信息系统前后的体验差距，体验度的差距会随着期望水平的高低而产生变化。持续使用行为意向是指用户在未来较长一段时间内愿意频繁使用信息

---

① Bhattacherjee A. Understanding Information Systems Continuance：An Expectation-Confirmation Model[J]. MIS Quarterly, 2001, 25(3)：351-370.

系统的态度。

在该模型中，持续使用意愿是核心因变量，该因变量会受到用户满意度和用户感知有用性的影响；期望确认度通过中介变量感知有用性或者满意度间接影响持续使用意愿；感知有用性、满意度两个潜变量直接影响持续使用意愿，如图4.1所示。

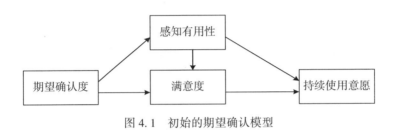

图 4.1 初始的期望确认模型

Bhattacherjee 的期望确认理论模型一经提出，就被广泛使用于信息系统用户持续使用的相关研究中。比如用于解释和预测电子政务平台、视频平台、在线教育平台等用户的持续使用行为。①②③④⑤ 随着移动互联网的普及，学者们又将该模型应用于对移动互联网平台的用户持续使用行为的研究领域，如移动搜索平台、移动数字阅读服务、移动电子商务平台等。前人的研究已经证明，期望确认模型对用户持续使用行为有着较强的解释力和预测力，故本研究以期望确认理论为基础来研究有声书平台用户持续

① Bélanger F, Carter L. Trust and Risk in E-Government Adoption［J］. Journal of Strategic Information Systems，2008，17(2)：165-176.

② Warkentin M, Gefen D, Pavlou P A, et al. Encouraging Citizen Adoption of E-Government by Building Trust［J］. Electronic Markets，2002，12(3)：157-162.

③ 刘虹. 基于期望确认模型的视频网站持续使用研究［D］. 南京：南京大学，2013.

④ Lee M C. Explaining and Predicting Users' Continuance Intention toward E-learning：An Extension of the Expectation-Confirmation Model［J］. Computers & Education，2010，54(2)：506-516.

⑤ 杨根福. MOOC 用户持续使用行为影响因素研究［J］. 开放教育研究，2016(1)：100-111.

使用行为具有合理性。

4.1.2　信息系统成功理论

1992 年，Delone 和 Mclean 构建信息系统成功理论（Information system success model，IS），该理论模型中的六大变量关系复杂，且相互影响相互作用，如图 4.2 所示。Delone 和 Mclean 后又针对这六个变量进行解释和拆分，信息质量拆分为时效性、完整性、持续性、相关性以及准确性等具体测量指标；系统的质量拆分为易用性、可移植性以及数据质量等具体测量指标；而用户满意度则是在使用了系统之后，将用户的主观感受作为测量项。用户的满意度成为信息系统成功模型中最为关键的一个变量。

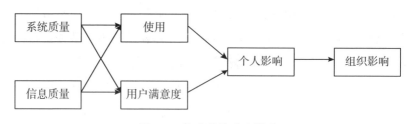

图 4.2　信息系统成功模型

十年后，Delone 和 Mclean 梳理过往信息系统成功理论模型的研究，找出其弊端，并升级了原始信息系统成功模型，在留存初始的信息质量、系统质量、用户满意度三个变量基础上，增加了服务质量作为新变量，意味着信息系统特性由信息质量、系统质量、服务质量三方面共同表示。使用这一变量在原始模型中表示实际行为，而在升级后的模型中主要强调用户对于使用信息系统的意愿，判断一个系统是否成功，关键指标就是用户是否愿意持续使用这个信息系统。另外，对于初始模型中"个人影响"和"组织影响"两个变量改由"净收益"这一个变量来代替，如图 4.3 所示。

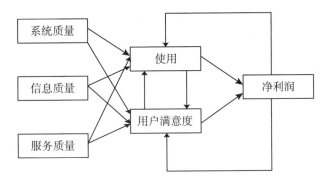

图 4.3 改进后的 D&M 信息系统成功模型

信息系统成功模型作为领域内最经典的模型之一，被广泛应用于信息系统的研究之中，如电子政务、电子商务、卫生信息系统建设评价等。①②③④ 而且由于信息系统成功模型中变量和变量之间的关系可以根据具体环境和目标来拟定，它也经常被应用于各大中型企业 ERP 系统的研究，便于企业规划成功的信息系统平台。⑤ 另外还可运用于旅游系统成功模式、信息咨询系统成功模式、游戏系统模式等。有声书平台作为互联网时代的信息系统平台，用户对其的评价也可以从信息质量、服务质量、系统质量三个维度去判断，但只从这三个角度去考察平台又恐对用户持续使用行为的解释力度不够，故本研究根据有声书平台的实际情况，将信息系统成功模型

① Warkentin M, Gefen D, Pavlou P A, et al. Encouraging Citizen Adoption of E-Government by Building Trust[J]. Electronic Markets, 2002, 12(3): 157-162.

② DeLone W H, McLean E R. Measuring E-Commerce Success: Applying the DeLone & McLean Information Systems Success Model [J]. International Journal of Electronic Commerce, 2004, 9(1): 31-47.

③ Smith J B, Lacey S R, Williams A R, et al. Developing and Testing a Clinical Information System Evaluation Tool: Prioritizing Modifications through End-user Input[J]. Journal of Nursing Administration, 2011, 41(6): 252-258.

④ Hoi K H, Kyung-Won C, Sook K H, et al. New Integrated Information System for Pusan National University Hospital[J]. Healthcare Informatics Research, 2011, 17(1): 67-70.

⑤ Chung B Y, Skibniewski M J, Kwak Y H. Developing ERP Systems Success Model for the Construction Industry[J]. Journal of Construction Engineering & Management, 2009, 135(3): 207-216.

融合到期望确认模型中，以构建更符合有声书平台用户使用情景的模型。

4.2 用户访谈与访谈结果

4.2.1 访谈对象

本研究鉴于有声书平台用户使用情景的特殊性，为保证准确得出用户持续使用行为的影响因素，故先对有声书平台用户进行深度访谈，验证基础模型潜变量的适用性，以便找出更符合使用情景的潜变量。访谈对象主要来自有声书平台的网络社群和笔者周围长期使用有声书平台的人员。最终有 11 名用户愿意接受访谈。在正式访谈前，从 11 名受访者中随机选取 2 名作为预访谈对象，以便根据实际情况对访谈内容进行调整。访谈对象基本信息见表 4.1。

表 4.1　　　　　　　　　　　访谈对象基本情况

访谈对象编号	性别	年龄	教育背景	所在地
*	女	30	博士	河南郑州
*	女	26	本科	湖北武汉
B1	男	25	硕士	湖北武汉
B2	男	36	高中	河南驻马店
B3	女	32	中专	湖南郴州
B4	女	24	本科	湖南长沙
B5	男	24	本科	湖北荆州
B6	女	26	大专	广西南宁
B7	男	27	硕士	广东深圳
B8	男	40	高中	江苏扬州
B9	女	35	本科	广东广州

注："＊"为预访谈用户。

4.2.2 访谈程序

完成预访谈后，根据访谈内容对大纲进行调整修改，然后对另外 9 名用户正式访谈，此次访谈依然通过即时聊天工具在网络上完成。访谈时间从 2017 年 9 月 20 日至 2017 年 10 月 5 日，每次访谈时间约为 45~60 分钟。整个访谈过程与前文所述一致，故不在此赘述。

4.2.3 访谈结果

用户是有声书平台持续使用行为的主体，也是对此行为最有发言权的群体，访谈过程中用户无法说出跟模型完全吻合的关键词和指标，但是通过访谈者的引导，加上使用内容分析法，我们依然可以从用户访谈内容中归纳出不同于以往文献记载的影响因素，这些因素更符合用户的持续使用情景，我们也将其加入原模型中。例如，在本次访谈过程中，众多访谈者提到"系统兼容性"对自己持续使用的影响，它也成为本理论模型中较为有特点的影响因素之一。

(1) 感知娱乐性

在访谈的过程中，多数受访者谈到了有声书平台的娱乐性是他们持续使用平台的原因，包括内容的娱乐性、平台所提供的娱乐性功能等，部分访谈内容如下。

受访用户 B1 认为内容的娱乐性对他很重要："我喜欢在睡前使用有声书平台听一些娱乐性较强的内容，这样会使我感到放松。市面上的几款主流有声书平台我都有使用。我用得最多的是懒人听书平台，该平台娱乐性的内容多一点，很对我的口味。"

受访用户 B2 认为平台中提供的娱乐性功能让他觉得很满意："我觉得

91

平台除了提供内容以外，还能提供其他具有娱乐性的功能也很重要。平台功能的娱乐性是我持续使用有声书平台的重要考量标准，喜马拉雅 APP 设计的'我要做主播'功能，能让我录制并上传属于自己的声音作品，我看见很多人为我自制的内容点赞，会觉得很有成就感，这成为我长期使用它的重要因素。"

受访用户 B6 说平台所提供的娱乐性是他使用的初衷："我使用有声书平台就是打发时间的，娱乐性是我持续使用的唯一因素，内容娱乐性越强，我对它就越满意。我现在用得最多的是酷听听书网和它的移动端应用，因为这个平台提供较多网络小说的有声版，听起来比较放心和满意。"

(2)感知互动性

有 5 名受访者提到了有声书平台的互动性特点，包括与其他听众交流听后感，与演播者或者文本作者交流收听心得等，部分访谈内容如下。

受访用户 B3 认为查看有声书平台上其他用户的留言是一件很愉快的事情："我喜欢通过有声书平台看其他听众对有声内容的评价或者交流，不同观点的交锋让我觉得很有趣，自己的留言也经常被他人评价或者点赞，这让我有成就感。"

受访用户 B5 认为通过平台可以直接与演播者对话，让他觉得拉近了自己与专业人员的距离："一些有声书作者会在自己作品的留言框与听众交流，甚至解答一些专业性的问题，这种互动让我觉得很不错，我很满意。尤其是喜马拉雅平台上有很多学者和专家入驻，他们经常与听众对话、交流，拉近了公众人物与用户的距离。"

受访用户 B9 表示有声书平台可以融入更多的社交元素："我觉得选择平台社交化的趋势渐浓，很多有声书平台需要用户注册一个账号，以进行更多的社交互动操作，我自己可以建一个广播站或者有声书屋，邀请朋友来我的小空间参观和访问。"

(3) 习惯

有 7 名受访用户都谈到了习惯问题，一旦用户养成使用习惯，用户持续使用频率也必然上升。部分访谈内容如下。

受访用户 B9 认为："我一开始就用的喜马拉雅 APP，它的内容很丰富，而且现在我已经在平台上开通了个人空间，加入了很多虚拟有声社群，时常会查阅新的内容与分享。我对它已经形成了依赖，所以一旦觉得无聊或者休息，我就会打开它，尤其是在睡前和通勤路上我是肯定要用的。"

受访用户 B7 表示自己习惯于在通勤路上使用有声书平台："我喜欢每天收听一些关于文学解读类和职场规划类的有声内容，可以说是每天的必修课。相关内容在樊登读书会 APP、得到 APP 上较多，所以我养成了使用这两个平台的习惯，尤其在每天上班路上，我会不自觉地打开听一段有声内容。"

受访用户 B9 说自己受习惯的影响，会不自觉地打开有声书平台："我在用惯了一个有声书平台后，会不自觉地使用这个平台，也不见得真的有使用需求，但是就会做出和我的意愿不相符的行为。"

受访用户 B10 谈到了自己下意识的行为："如果习惯于用一个听书网站，那么我会打开网页后，点开收藏夹，进去听书网，然后开始搜索资源或者接着上次的继续收听，这都是我的下意识行为。"

(4) 系统兼容性

大多数有声书平台都有网页版和手机应用版，以及对应各种软件系统的版本，2 位受访用户表示更倾向于使用兼容性强的平台。部分访谈内容如下：

受访用户 B6 认为系统的数据同步功能让他觉得很方便："有些有声书平台功能比较完善，可以在不同的设备间进行数据同步，这让我觉得很方便，也促使我长期使用它。"

受访用户 B9 认为平台的跨平台操作会提高他的使用频率："我喜欢一边开车，一边收听有声书。我现在用的这款有声书平台(蜻蜓 FM)，可以支持各种操作系统，甚至可以连接到我的车载电台上，因为图方便，我就一直使用它了。"

4.3 影响因素与假设

4.3.1 期望确认度

期望确认度是期望确认理论模型中的重要变量，是指用户在使用过某种信息系统后的认知评价。用户在使用有声书平台之前会根据个人或者他人的经验对平台产生初始期望，待到使用后会对比使用前的初始期望，这两者对比产生的期望差被称为期望确认度。在期望确认理论模型中，期望确认度对感知有用性、满意度产生正向影响，即当信息系统所提供的实际效用大于用户初始期望，用户的感知有用性和满意度就越高；反之，就越低。[①]

前人借助期望确认理论模型对用户行为进行实证研究时，往往会纳入新的影响因素以充实原有模型，如杨根福在研究内容聚合类 APP 用户的持续使用意愿时，纳入感知娱乐性，证明期望确认度正向影响感知娱乐性；[②] Kang Y S、Hong S、Lee H 研究用户持续使用在线服务行为时，也证明了期望确认度能够正向显著影响用户的感知娱乐性。[③] 作为偏娱乐性的信息系统，本模型将感知娱乐性纳入其中，故本研究根据原始模型，以及前人的

---

① Bhattacherjee A. Understanding Information Systems Continuance：An Expectation-Confirmation Model[J]. MIS Quarterly, 2001, 25(3)：351-370.

② 杨根福. 移动阅读用户满意度与持续使用意愿影响因素研究——以内容聚合类 APP 为例[J]. 现代情报, 2015, 35(3)：57-63.

③ Kang Y S, Hong S, Lee H. Exploring Continued Online Service Usage Behavior：The Roles of Self-image Congruity and Regret[J]. Computers in Human Behavior, 2009, 25(1)：111-122.

众多研究结论，作出以下假设：

H1：期望确认度正向影响感知有用性

H2：期望确认度正向影响满意度

H3：期望确认度正向影响感知娱乐性

4.3.2 感知互动性

在本研究情境中，感知互动性是指用户在使用有声书平台过程中所感受到的与其他用户或者演播者的交流程度。与传统的有声书载体相比，互联网背景下的有声书平台给用户提供了交互的窗口，促进了用户与用户、用户与演播者的交流。在访谈中，有受访者表示"我可以通过有声书平台与其他用户交流听后感，发表心得与启示，让我觉得很满意"。在过往的研究中，也有诸多学者提到感知互动性，Zhao L、Lu Y 在分析微博用户的持续使用行为时，验证微博用户的感知互动性能够正向显著影响满意度。[1] Cho S N、Kim H G、Kim D G 等在分析网络游戏用户的满意度和忠诚度时，发现感知互动性对用户的满意度有着显著的正向影响。[2] Tsai C H 在研究医疗保健类网站时，证明用户的感知互动性可以正向显著影响用户满意度。[3] 因此，本研究认为有声书平台用户感知互动性越强，他们的满意度就会越高。假设如下：

H4：感知互动性正向影响满意度

---

① Zhao L, Lu Y. Enhancing Perceived Interactivity through Network Externalities：An Empirical Study on Micro-blogging Service Satisfaction and Continuance Intention[J]. Decision Support Systems, 2012, 53(4)：825-834.

② Cho S N, Kim H G, Kim D G, et al. The Effects of Perceived Interactivity toward on Satisfaction and Loyalty in Online Games[J]. Journal of the Korea Entertainment Industry Association, 2013, 7(2)：1-5.

③ Tsai C H. The E-Commerce Model of Health Websites：An Integration of Web Quality, Perceived Interactivity, and Web Outcomes[J]. Journal of Networks, 2011, 6(7)：1017-1024.

4.3.3 感知有用性

Davis F D 将感知有用性定义为网站访问者基于通过使用信息系统所获得的能力提升的主观感受。[①] 在本研究中，感知有用性是指用户在使用有声书平台后，从主观上感知到的平台给自己带来的总体收益。用户感受到的总体收益越多，感知有用性越强。在前人的研究中，感知有用性与用户满意度的关系早已被验证，比如 Cakisir F、Calisir F 在研究影响企业 ERP 系统使用者满意度时，证明感知有用性对用户满意度有着正向显著影响。[②] Amin M、Rezaei S、Abolghasemi M 在研究移动网络用户满意度的影响因素时，通过实证分析发现移动网络用户的满意度受到诸多因素的影响，其中就包括用户感知有用性。[③] Oh J、Kim W、Park G 等在对用户持续使用网络银行的意图进行研究时，通过实证分析发现用户的感知有用性能够正向影响用户使用满意度。[④] Lee Y、Kwon O 在研究消费者对于持续使用购物网站的意愿时，实证分析发现网站用户的满意度会受到用户感知有用性的正向影响。[⑤] 因此，本研究得出以下假设：

H5：感知有用性正向影响满意度

---

① Davis F D. Perceived Usefulness, Perceived Ease of Use, and User Acceptance of Information Technology[J]. MIS Quarterly, 1989, 13(3): 319-340.

② Calisir F, Calisir F. The Relation of Interface Usability Characteristics, Perceived Usefulness, and Perceived Ease of Use to End-user Satisfaction with Enterprise Resource Planning (ERP) systems[J]. Computers in Human Behavior, 2004, 20(4): 505-515.

③ Amin M, Rezaei S, Abolghasemi M. User Satisfaction with Mobile Websites: The Impact of Perceived Usefulness (PU), Perceived Ease of Use (PEOU) and Trust[J]. Nankai Business Review International, 2014, 5(3): 258-274.

④ Oh J, Kim W, Park G, et al. The Relationship among Perceived Usefulness, User Satisfaction, Continuance Intention, and Positive WOM in Internet Banking[J]. Jour of Adv Research in Dynamical & Control Systems, 09-Special Issue, 2017, 21(5): 151-155.

⑤ Lee Y, Kwon O. Gender Differences in Continuance Intention of On-line Shopping Services[J]. Asia Pacific Journal of Information Systems, 2010, 15(3): 66-70.

4.3.4 感知娱乐性

感知娱乐性是指信息系统使用者在使用过程中所产生的一种主观娱乐感受。有声书平台所提供的内容、功能繁多，既可让用户获取知识，也可以体验到快乐和享受，当用户在该平台上获取足够多的快乐时，满意度就会越高。在前人的研究中，Shiau W L、Luo M M 等在分析用户对博客的持续使用意愿影响因素时，实证分析发现用户的感知娱乐性正向显著影响用户满意度。① Kim B 在研究韩国用户对于持续使用移动数据服务的意愿时，发现相较于其他影响因素，感知娱乐性对用户满意度的影响最大。② Wei W 在研究即时通讯设备用户的持续使用行为时，发现用户的感知娱乐性对用户满意度有着正向影响。③ 因此，本研究提出以下假设：

H6：用户感知娱乐性正向影响满意度

4.3.5 满意度

学术界对满意度的解释并不统一，最初满意度被解释为"人们对某特定任务的完成对自身造成的一种心理上的满足、乐观的抽象感觉"。随后，众多研究学者将这一定义不断完善，将满意度解释为"用户在获得某一产品或服务后，产生的感知认可程度的累计量"。④ 在本研究中，满意度是指

---

① Shiau W L, Luo M M, Shiau W L, et al. Continuance Intention of Blog Users：The Impact of Perceived Enjoyment and User Involvement［C］// Pacific Asia Conference on Information Systems, Pacis 2010, Taipei, Taiwan, 2010：85-89.

② Kim B. An Empirical Investigation of Mobile Data Service Continuance：Incorporating the Theory of Planned Behavior into the Expectation-confirmation Model［M］. Pergamon Press, Inc., 2010：25-31.

③ Wei W. How Personality Affects Continuance Intention：An Empirical Investigation of Instant Messaging［C］// Pacific Asia Conference on Information Systems, Pacis 2010, Taipei, Taiwan, 2010：113-114.

④ 何檀. 移动教育持续使用的实证研究［D］. 哈尔滨：哈尔滨工业大学, 2014.

用户在使用有声书平台后所感受到的满足感知、愉悦心情，这种感受更多是来自心理层面。在前人的研究中，"满意度"是作为用户持续使用行为影响因素模型的中介因素。例如，Khezri A 实证分析了用户持续使用慕课行为的影响因素，发现慕课用户的满意度对用户的持续使用意向会产生正向影响。① Kim B G、Yoon I K、Park H S 在分析韩国用户持续使用社交网站的影响因素时，通过实证发现用户对社交网站的满意度对用户持续使用行为能够产生正向影响。② 此外，满意度还能正向影响用户的使用习惯，Hsiao C H、Chang J J、Tang K Y 在研究用户持续使用移动社交应用时，证明用户满意度越高，则会导致用户使用习惯越强，即用户满意度能正向影响用户使用习惯。③ Luo M M 同样对 Blog 用户的持续使用行为影响因素进行了分析，通过实证发现用户对 Blog 的满意度正向影响用户使用习惯。④ 因此，本研究作出以下假设：

H7：满意度正向影响用户持续使用行为

H8：满意度正向影响用户习惯

4.3.6 服务质量

服务质量是原始信息系统成功模型中的外生变量之一，是影响用户满意度和有用性的关键因素。在本研究中，服务质量是指用户对有声书平台所提

① Khezri A. Understanding User Satisfaction and Continuance Intentions in MOOCs [J]. Computers & Education, 2014, 31(2)：341-355.

② Kim B G, Yoon I K, Park H S. Factors Affecting the User Satisfaction and Continuance Usage Intention of Social Network Service[J]. Journal of Information Technology Application and Management, 2016, 23(2)：207-224.

③ Hsiao C H, Chang J J, Tang K Y. Exploring the Influential Factors in Continuance Usage of Mobile Social Apps：Satisfaction, Habit, and Customer Value Perspectives [J]. Telematics & Informatics, 2016, 33(2)：342-355.

④ Luo M M. Continuance Intention of Blog Users：The Impact of Perceived Enjoyment, Habit, User Involvement and Blogging Time[J]. Behaviour & Information Technology, 2013, 32(6)：570-583.

供服务的总体评价。有声书平台作为当下提供有声阅读内容的主要渠道，如何给用户提供优质的服务是衡量平台价值的重要指标，包括平台与用户间的沟通、交流等。在 D&M 信息系统成功理论中，服务质量能正向影响用户的满意度，在过往的研究中，前人已经从多个层面证明了这组假设。例如，Li Y M、Yen Y S 在研究 3G 服务用户使用意愿时，证实 3G 服务的服务质量能够正向影响用户的满意度。[①] Salem S、Selamat A、Selamat M H 在研究用户对于公共交通系统的满意度时，发现系统的服务质量能正向影响用户满意度。[②] Zhou T、Zhang S 在研究电子商务网站用户的满意度时，发现网站的服务质量正向影响用户的满意度。[③] 因此，本研究提出以下假设：

H9：服务质量正向影响满意度

4.3.7 界面质量

界面质量是指用户对有声书平台操作界面设计的总体评价。有声书平台作为用户与信息系统交互的媒介，界面设计的原则注定是以用户为中心，良好的信息系统界面设计可以为用户带来更满意的使用体验。在过往的研究中，Zamzami I、Mahmud M 在研究智能手机用户满意度时，发现智能手机的界面质量能正向影响用户满意度。[④] Quaye A K M 在研究电脑的界

---

① Li Y M, Yen Y S. Service Quality's Impact on Mobile Satisfaction and Intention to Use 3G Service[C]// Hawaii International Conference on System Sciences. IEEE Computer Society, 2009：1-10.

② Salemi S, Selamat A, Selamat M H. Analysis of Service Quality and User Satisfaction Improvement in Public Transportation System [J]. International Journal of Digital Content Technology & Its Applications, 2011, 5(10)：95-104.

③ Zhou T, Zhang S. Examining the Effect of E-Commerce Website Quality on User Satisfaction[C]// Second International Symposium on Electronic Commerce and Security. IEEE Computer Society, 2009：418-421.

④ Zamzami I, Mahmud M. User Satisfaction on Smart Phone Interface Design, Information Quality Evaluation[C]// International Conference on Advanced Computer Science Applications and Technologies. IEEE, 2013：78-82.

面质量与用户满意度时，发现界面质量正向影响用户满意度。[①] Chinomona R、Sandada M 在研究在线购物网站用户满意度时，发现网站界面设计对用户满意度有着正向影响。[②] 因此，本研究得出以下假设：

H10：界面质量正向影响满意度

4.3.8 内容质量

有声书平台主要以提供有声内容为主，其内容质量是用户对平台满意度的重要考量。在本研究中，内容质量是指用户对有声书平台中有声内容质量的评估，包括内容的丰富性、主题的多样性等。在前人研究中，Zuyin M O、Feicheng M A 在研究数据库用户使用满意度时，发现内容质量对用户满意度有正向影响。[③] Natarajan V S、Parayitam S、Sharma T 在讨论网站用户满意度影响因素时，证明网页内容质量正向影响用户满意度。[④] Laumer S、Maier C、Weizel T 在研究用户对于企业管理系统的态度时，实证发现系统的内容质量能够对用户满意度产生积极的影响。[⑤] 因此，本研究得出以下假设：

H11：内容质量正向影响满意度。

---

① Quaye A K M. An Investigation of Human-computer Interface Design Quality and Its Effects on User Satisfaction[M]. University of South Carolina, 1990：26-20.

② Chinomona R, Sandada M. The Influence of Market Related Mobile Activites on the Acceptance of Mobile Marketing and Consumer Intention to Purchase Products Promoted by SMS in South Africa[J]. Journal of Applied Business Research, 2013, 29(6).

③ Zuying M O, Feicheng M A. Empirical Research on User Satisfaction Model of the Content Quality of Database Information Resources[J]. Journal of Library Science in China, 2013(5)：51-76.

④ Natarajan V S, Parayitam S, Sharma T. The Relationship between Web Quality and User Satisfaction：The Moderating Effects of Security and Content[J]. International Journal of Business Excellence, 2012(5)：52-76.

⑤ Laumer S, Maier C, Weitzel T. Information Quality, User Satisfaction, and the Manifestation of Workarounds：A Qualitative and Quantitative Study of Enterprise Content Management System Users[J]. European Journal of Information Systems, 2017(5)：1-28.

4.3.9　习惯

Aarts H 等认为习惯是一种根据过往经历形成的一种自主型选择趋势。[①]
用户过去使用信息系统的经验和知识的积累，有助于使用者了解和使用相关
技术，也会对用户持续使用行为产生正面影响。在前人诸多研究中早已证明
习惯与用户持续使用行为的关系，例如，Kefi H、Mlaiki A、KaliKa M 在研究
社交媒体用户持续使用意图时，实证发现社交媒体用户的使用习惯能正向影
响用户的持续使用意图。[②] Wilson E V、Lankton N K 在研究信息系统用户的
持续使用行为时，通过实证分析发现用户使用习惯与用户持续使用行为之间
存在着正向且显著的影响关系。[③] Chou C H、Chiu C H、Ho C Y、Lee J C 在
分析移动应用用户的持续使用行为影响因素时，同样发现移动应用用户过往
养成的使用习惯可以正向影响持续使用行为。[④] 因此，本研究提出以下假设：

H12：习惯正向影响持续使用行为

4.3.10　系统兼容性

随着用户使用移动版有声书平台习惯的形成，有声书平台企业通常会提
供基于 PC 端和移动端的协同服务，双端系统是否相互支持也成为用户考量

---

① Aarts H, Verplanken B, Knippenberg A V. Predicting Behavior From Actions in the
Past：Repeated Decision Making or a Matter of Habit? ［J］. Journal of Applied Social
Psychology, 2010, 28(15)：1355-1374.

② Kefi H, Mlaiki A, Kalika M. Social Networking Continuance：When Habit Leads to
Information Overload［J］. Economics Papers from University Paris Dauphine, 2015.

③ Wilson E V, Lankton N K. Effects of Prior Use, Intention, and Habit on IT
Continuance Across Sporadic Use and Frequent Use Conditions ［J］. Concha Diego Liaño, 2013,
329(3)：725-734.

④ Chou C H, Chiu C H, Ho C Y, et al. Understanding Mobile Apps Continuance Usage
Behavior and Habit：An Expectance-confirmation Theory ［C］. Pacific Asia Conference on
Information Systems. PACIS 2013 Proceedings. Atlanta：Association for Information Systems,
2013：1-10.

有声书平台的标准之一。在访谈过程中，有用户就表示"更喜欢使用支持多平台、提供协同服务的有声书平台"。关于此项影响因素，前人未作出相关的讨论，本研究根据实际研究情景和在用户访谈的基础上，设计以下假设：

H13：系统兼容性正向影响用户持续使用行为

4.3.11 持续使用行为

在本研究情境中，持续使用行为是指用户现在使用有声书平台的频率，是用户对自身行为的一种反馈。持续使用行为是有声书平台用户形成使用黏度、产生忠诚度的关键所在，在本研究模型中，持续使用行为是研究的最终因变量，会受到其他所有潜变量的直接或者间接影响。

4.4 理论模型构建

本研究在构建有声书平台用户持续使用行为影响因素模型时，以期望确认理论模型和信息系统成功模型为基础，再纳入访谈所提取的影响因素：感知娱乐性、感知互动性、习惯、系统兼容性。最终，形成了包含 11 个潜变量的理论假设模型，如图 4.4 所示。

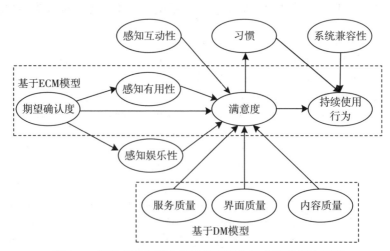

图 4.4 有声书平台用户持续使用行为影响因素理论模型

4.5 量表设计与数据收集

本研究借助结构方程模型法以验证假设模型中各潜变量之间的假设是否成立。本研究在前人研究的基础上，结合有声书平台用户使用情景，设计开发用于测量潜变量的量表。

量表设计过程与前文相似，依然是借鉴前人研究中的量表进行改编，鉴于本模型中系统兼容性在前人的研究中并未出现，本研究根据其内涵自行编制问题项。初始问卷设计完成后，先邀请专家小组对问卷的用词、逻辑等进行修正，最后完成包含 34 个题项的量表，见表 4.2。

表 4.2　　　　有声书平台用户持续使用行为影响因素测量题项

潜在变量	指标编码	测 量 问 项	参考文献
期望确认度	CF1	使用有声书平台的体验比我预期的要好	Bhattacherjee A①
	CF2	有声书平台的服务水平高于我之前对它的期待	
	CF3	总的来讲，有声书平台基本能满足我的需求	
感知互动性	PI1	使用有声书平台，我可以跟其他用户交流	McMillan S Hwang J②
	PI2	使用有声书平台，我可以跟演播者交流	
	PI3	使用有声书平台，我可以与平台管理者交流	
感知娱乐性	PE1	使用有声书平台可以让我消磨时间	Tsang M M, Ho S C, Liang T P③
	PE2	使用有声书平台可以让我放松心情，舒缓压力	
	PE3	我很享受使用有声书平台的时光，觉得时间过得很快	
	PE4	我觉得有声书平台所提供的内容很有趣	

① Bhattacherjee A. Understanding Information Systems Continuance：An Expectation-Confirmation Model［J］. Mis Quarterly，2001，25(3)：351-370.

② McMillan S J, Hwang J. Measures of Perceived Interactivity：An Exploration of the Role of Direction of Communication, User Control, and Time in Shaping Perceptions of Interactivity［J］. Journal of Advertising，2002，31(3)：29-42.

③ Tsang M M, Ho S C, Liang T P. Consumer Attitudes Toward Mobile Advertising：An Empirical Study［M］. International Journal of Electronic Commerce，2004，8(3)：65-78.

续表

潜在变量	指标编码	测 量 问 项	参考文献
感知有用性	PU1	在有声书平台上，我可以很快地找到想听的内容	Davis F D, Bagozzi R P, Warshaw P R①
	PU2	有声书平台可以丰富我的业余生活	
	PU3	有声书平台所提供的有声内容很丰富	
满意度	SAT1	总体而言，我对有声书平台的服务还是满意的	Oliver R L②
	SAT2	总体而言，使用有声书平台的经历很愉快	
	SAT3	总体而言，使用有声书平台的过程比较顺利	
服务质量	SQ1	我觉得有声书平台上的内容大多制作精良	Cronin J J Taylor S A③
	SQ2	我觉得有声书平台能及时提供必要的服务	
	SQ3	总体而言，我觉得有声书平台的服务质量较高	
界面质量	IQ1	我觉得有声书平台界面的图片文字清晰易懂	Zamzami I, Mahmud M④
	IQ2	我觉得有声书平台的界面清晰简洁，较少有广告和其他信息的干扰	
	IQ3	我觉得有声书平台的导航功能设计很具人性化	
内容质量	CQ1	我觉得有声书平台提供的内容涵盖面较广	Zamzami I, Mahmud M⑤
	CQ2	我觉得有声书平台提供的内容质量较好	
	CQ3	我觉得有声书平台能及时推出各类主题内容	

① Davis F D, Bagozzi R P, Warshaw P R. User Acceptance of Computer Technology: A Comparison of Two Theoretical Models[J]. Management Science, 1989, 35(8): 982-1003.

② Oliver R L. A Cognitive Model of the Antecedents and Consequences of Satisfaction Decisions[J]. Journal of Marketing Research, 1980, 17(4): 460-469.

③ Cronin J J, Taylor S A. Measuring Service Quality: A Reexamination and Extension [J]. Journal of Marketing, 1992, 56(3): 55-68.

④ Zamzami I, Mahmud M. User Satisfaction on Smart Phone Interface Design, Information Quality Evaluation[C]// International Conference on Advanced Computer Science Applications and Technologies. IEEE, 2013: 78-82.

⑤ Zamzami I, Mahmud M. User Satisfaction on Smart Phone Interface Design, Information Quality Evaluation[C]// International Conference on Advanced Computer Science Applications and Technologies. IEEE, 2013: 78-82.

续表

潜在变量	指标 编码	测 量 问 项	参考文献
习惯	HAB1	我会在空闲时刻打开有声书平台	自行改编
	HAB2	我会经常打开有声书平台查看内容的更新	
	HAB3	我已经习惯用有声书平台收听有声书	
系统 兼容性	SS1	我所使用的有声书平台能适用于电脑端和移动端（APP）的学习	自行改编
	SS2	我所使用的有声书平台移动端 APP 支持多个操作系统的安装使用	
	SS3	有声书平台的电脑端与移动端的数据能有效同步	
持续使用 行为	CU1	我经常使用有声书平台	自行改编
	CU2	我会使用有声书平台	
	CU2	我会把有声书平台推荐给他人	

在调研时，因为笔者将关于有声书平台用户采纳行为、持续使用行为和内容付费行为影响因素的问卷派发给同一组用户（具体请参见前面的"3.5.3 样本数据获取以及处理"和表 3.3 的相关内容），主要通过问卷星平台回收问卷，共回收 375 份有效问卷，问卷整理原则和样本基本信息的特征已经在前文说明，所以在此不再赘述。

4.6　模型信度效度检验

4.6.1　测量模型信效度检验

信度检验。本研究通过观察平均萃取方差、复合信度和克隆巴赫系数三项数据来判断测量模型的信度。根据 Chin W W 的标准，AVE、CR、克隆巴赫系数的临界值分别需要在 0.5、0.7 和 0.7 以上, 方可证明数据信度可靠。① 检验过程在 SmartPLS 软件内完成, 最终结果见表 4.3。由表 4.3 可知, 最小测量项的 AVE 值为 0.689、CR 值为 0.863、克隆巴赫系数为 0.776, 均大于临界值, 可证明样本数据内部一致性较好, 测量模型的信度较高。此外, 在内容的有效性上, 由于测量指标题项大多改编自已有的文献, 或者是经过专家小组商议后得出的问题项, 故可以认为内容效度较好。

表 4.3　　　　　　　　各测量度因子载荷和变量组合信度

变量	测量题项	因子载荷	组合信度（CR）	平均提取方差值（AVE)	克隆巴赫系数
期望确认度	CF1	0.936	0.912	0.788	0.863
	CF2	0.845			
	CF3	0.858			
感知互动性	PI1	0.892	0.921	0.826	0.887
	PI2	0.927			
	PI3	0.918			
感知娱乐性	PE1	0.795	0.932	0.689	0.857
	PE2	0.859			
	PE3	0.854			
	PE4	0.876			
感知有用性	PU1	0.878	0.878	0.866	0.821
	PU2	0.831			
	PU3	0.866			

① Chin W W. The Partial Least Squares Approach for Structural Equation Modeling [M]//Marcoulides G A. Modern Methods, for Business Research. Lawrence Erlbaum Associates Publishers, 1998: 295-336.

续表

变量	测量题项	因子载荷	组合信度 （CR）	平均提取方差值 （AVE）	克隆巴赫系数
满意度	SAT1	0.873	0.906	0.764	0.865
	SAT2	0.897			
	SAT3	0.853			
服务质量	SQ1	0.865	0.952	0.776	0.845
	SQ2	0.874			
	SQ3	0.832			
界面质量	IQ1	0.857	0.821	0.691	0.776
	IQ2	0.797			
	IQ3	0.853			
内容质量	CQ1	0.864	0.865	0.741	0.855
	CQ2	0.875			
	CQ3	0.834			
习惯	HAB1	0.883	0.906	0.795	0.863
	HAB2	0.869			
	HAB3	0.886			
系统兼容性	SS1	0.889	0.863	0.766	0.826
	SS2	0.848			
	SS3	0.876			
持续使用行为	CU1	0.917	0.907	0.786	0.867
	CU2	0.915			
	CU3	0.885			

效度检验。收敛效度和区分效度是观测每个指标所测变量与理论因素一致性的两项重要指标。收敛效度指不同测量指标与所测同一变量间的一致性程度，通过观察潜变量与测试项目之间的因子载荷数值（Loading）来判断。就社会科学研究而言，结构方程模型因子负载数的计算统计结果

为：因子负载数值大于 0.6，即表明收敛效度符合要求。由表 4.3 可知，各潜变量的测量因子载荷均在 0.6 以上，故可证明所有变量都具有较好的收敛效度。由表可知，各潜变量的测量因子载荷均在 0.6 以上，故可证明所有变量都具有较好的收敛效度。区分效度是指各个潜在变量的测度项之间具有的差异性程度，通过比较变量间的相关系数与 AVE 的平方根进行检验。当变量 AVE 值的平方根数值要大于该变量与其他变量的相关系数时，则可判断其区分效度良好。本研究使用 SmartPLS 统计软件对量表的区别效度进行观察。通过比较某潜变量与其他潜变量的相关系数与 AVE 的算术平方根以判断区别效度，由表 4.4 可知，潜变量 AVE 平方根数值都高于其他潜变量的相关系数，表明各个潜变量之间的区分效度较好，故本测量模型的区分效度可以得到保证。

表 4.4　　　　　　　各潜在变量间相关系数与 AVE 的平方根

	习惯	内容质量	感知互动性	感知娱乐性	感知有用性	持续使用行为	服务质量	期望确认度	满意度	界面质量	系统协同性
习　惯	**0.903**										
内容质量	0.771	**0.925**									
感知互动性	0.571	0.621	**0.934**								
感知娱乐性	0.743	0.734	0.515	**0.876**							
感知有用性	0.731	0.744	0.526	0.602	**0.869**						
持续使用行为	0.601	0.619	0.521	0.651	0.721	**0.925**					
服务质量	0.597	0.613	0.631	0.589	0.718	0.665	**0.929**				
期望确认度	0.586	0.779	0.671	0.577	0.742	0.574	0.709	**0.907**			
满意度	0.658	0.722	0.514	0.509	0.791	0.621	0.773	0.606	**0.904**		
界面质量	0.621	0.796	0.575	0.656	0.763	0.625	0.729	0.609	0.604	**0.895**	
系统兼容性	0.652	0.743	0.614	0.629	0.651	0.618	0.725	0.611	0.574	0.682	**0.903**

说明：粗体字为潜在变量的 AVE 平方根，其他为潜在变量间的相关系数。

4.6.2 结构模型检验

关于结构模型的检验包括对潜在变量之间关系强弱和内生变量的解释度(R^2值)的检验，前者是对路径系数的估计，主要是对 SmartPLS 软件所计算出的路径系数、显著度水平(T 值)进行判断；后者内生变量的解释度(R^2值)是用来评价模型内部外生变量对内生变量解释效果的重要指标，R^2 的数值越大，内生变量的被解释程度就越高，模型的结构效果就越好。社会科学研究中，R^2 值大于或等于 0.5 被认为解释力度较好。①

本研究使用SmartPLS统计软件提供的Bootstrap重复样本抽样法对结构模型完成参数检验。Bootstrap重复抽样法通过对收集的问卷进行重复性的随机抽取，对每一组再抽样样本进行相同的模型估计，用得到的多组参数估计值构造t统计量，对模型路径的显著度进行检验是结构方程模型分析中常用的检验方法。结构模型路径系数、显著度水平(T 值)的检验结果如图 4.5 所示：

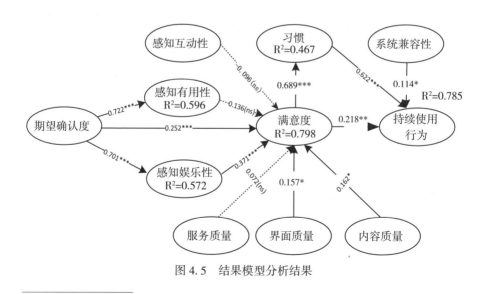

图 4.5　结果模型分析结果

① Chin W W. The Partial Least Squares Approach for Structural Equation Modeling [M]//Marcoulides G A. Modern Methods, for Business Research. Lawrence Erlbaum Associates Publishers, 1998, 295：295-336.

结构模型路径系数、显著度水平(T 值)的检验结果见表 4.5。期望确认度正向影响感知有用性($\beta = 0.722$, T 值为 18.029);期望确认度正向影响满意度($\beta = 0.252$, T 值为 3.902);期望确认度正向影响感知娱乐性($\beta = 0.701$, T 值为 15.754);感知互动性正向影响满意度($\beta = -0.098$, T 值为 2.598);感知有用性正向影响满意度($\beta = 0.136$, T 值为 1.347);用户感知娱乐性正向影响满意度($\beta = 0.371$, T 值为 5.296);满意度正向影响用户持续使用行为($\beta = 0.218$, T 值为 3.848);满意度正向影响用户习惯($\beta = 0.689$, T 值为 16.624);服务质量正向影响满意度($\beta = 0.072$, T 值为 1.124);界面质量正向影响满意度($\beta = 0.157$, T 值为 2.322);内容质量正向影响满意度($\beta = 0.162$, T 值为 2.547);习惯正向影响持续使用行为($\beta = 0.622$, T 值为 12.625);系统兼容性正向影响用户持续使用行为($\beta = 0.114$, T 值为 3.768)。

模型的变量解释的方差(R^2 值)是指外生变量对内生变量的解释程度,是判断假设模型效度的基本指标。在社会科学中,当内生变量的 R^2 值大于 0.19 时,表示解释力较好,当内生变量的 R^2 值大于 0.67 时,表示模型对内生变量有很强的解释力。根据 SmartPLS 运算结果,本研究模型的五个内生变量感知有用性、感知娱乐性、满意度、习惯、持续使用行为的 R^2 值分别为:0.596、0.572、0.798、0.467、0.785,均大于 0.19,表明外生变量对内生变量的解释力度尚可,证实此模型的结构效度较好。

4.6.3 模型假设检验

结合 8 个假设的内容与结构模型分析的结果,本研究从路径系数、显著度和假设因果关系方向几个层面,检验了理论模型中 8 个假设是否成立,研究假设的检验结果见表 4.5。

表 4.5　　　　　　　　　　　　**研究假设检验结果**

假设	假设关系	路径系数	T 值	显著度	检验结果
H1	期望确认度正向影响感知有用性	0.722	18.029	***	成立
H2	期望确认度正向影响满意度	0.252	3.902	**	成立
H3	期望确认度正向影响感知娱乐性	0.701	15.754	***	成立
H4	感知互动性正向影响满意度	-0.098	2.598	*	不成立
H5	感知有用性正向影响满意度	0.136	1.347	—	不成立
H6	用户感知娱乐性正向影响满意度	0.371	5.296	***	成立
H7	满意度正向影响用户持续使用行为	0.218	3.748	**	成立
H8	满意度正向影响用户习惯	0.689	16.624	***	成立
H9	服务质量正向影响满意度	0.072	1.124	—	不成立
H10	界面质量正向影响满意度	0.137	2.322	*	成立
H11	内容质量正向影响满意度	0.162	2.547	*	成立
H12	习惯正向影响持续使用行为	0.622	12.625	***	成立
H13	系统兼容性正向影响用户持续使用行为	0.114	3.768	**	成立

检验结果表明，本模型 13 组假设关系中有 10 组通过检验，另外 3 组未通过实证检验，分别是 H4、H5、H9，其中 H4 由于正负关系与原假设相反，故不成立；H5、H9 由于显著度不明显(T 值小于 1.96)，故也不成立。

4.7　结论与探讨

本研究在整合了期望确认理论和信息系统成功理论的基础上，结合用户访谈内容，归纳出感知娱乐性、感知互动性、习惯、系统兼容性四个由用户访谈内容提取出的影响因素，构建出有声书平台用户持续使用行为的影响因素模型，并通过结构方程模型法对其进行了实证检验，得出下列结论：

第一，用户满意度、习惯、系统兼容性是影响用户持续使用有声书平台的重要因素。

第二，在用户使用有声书平台的过程中形成的感知有用性、感知娱乐性会对满意度产生影响，同时用户的期望确认度会显著影响感知有用性和满意度。

第三，用户对有声书平台的界面质量、内容质量评价会对用户满意度造成影响，而平台的服务质量则对用户满意度不产生影响。

第四，用户满意度能对用户习惯产生正向影响。

4.7.1　有关信息系统成功理论部分的讨论

研究表明界面质量、内容质量会对用户满意度造成显著正向影响，而服务质量则不会影响用户满意度。在本模型中，内容质量每增加 1 个单位，用户满意度就会提升 0.162 个单位，即用户对有声书平台内容质量的评价影响着用户满意度。用户对有声书平台内容质量的评价主要包括有声书种类的丰富性、有声书质量的优劣和有声书内容更新的及时性。用户使用有声书平台的根本目的是获取有声内容产品，因此用户会对内容产品的质量较为敏感，这也成为影响用户满意度的重要因素。

在本模型中，界面质量每提升 1 个单位，用户满意度就会提升 0.137 个单位，有声书平台界面的质量也会对用户的满意度产生影响，进而影响用户持续使用行为。用户对界面质量的评价包括有声书平台的导航、功能设置和版面布局设计等。虽然有声书平台提供的内容以听为主，但是用户也需要通过操作平台完成听书任务，故平台界面质量的优劣也会影响到用户的直观感受，良好的界面设计和人性化的布局能给予用户更佳的使用体验，以提升用户满意度；反之，则会降低用户满意度。

服务质量包括平台为用户提供及时的、高质量的咨询答复，能在第一时间解决用户的问题等。本研究经过实证分析发现，服务质量对用户满意度没有显著性影响，与原假设不同。究其根本，我们分析是以下原因造成此结果：第一，有声书平台大多操作简单、容易使用，平台提供的额外功能并不多，再加之大多数人已经拥有操作类似信息系统平台的经验，故对服务质量感知力较低；第二，有声书平台不是专业的服务型信息系统平台，相较于政务平台、在线银行等功能服务型平台，有声书平台的作用更趋向于娱乐化、休闲化，用户对此平台的服务需求较低，故对平台的服务质量不敏感。

4.7.2 有关期望确认理论部分的讨论

在此部分，期望确认度对感知有用性、感知娱乐性、满意度有正向显著影响。实证检验发现，期望确认度每提升 1 个单位，感知有用性就会提升 0.722 个单位、感知娱乐性会提升 0.701 个单位、用户满意度会提升 0.252 个单位，从而间接影响用户持续使用行为。从实证结果来看，本模型与期望确认度理论模型中的假设一样，有声书平台用户的期望确认程度能够影响用户的感知娱乐性和感知有用性等影响因素，即用户在使用前的预期得到满足的程度越高，会觉得平台的有用性和娱乐性越高，满意度也会随之提升，那么使用行为就会越频繁。

在本模型中，用户对有声书平台的满意程度与持续使用行为存在显著的正相关性，并在模型中起到承上启下的作用。满意度每提升 1 个单位，持续使用行为提升 0.218 个单位，前者与后者构成了因果关系，即有声书平台用户的满意度越高，则用户使用平台的行为就越频繁。这一结论与前人诸多类似研究结果相吻合。此外，满意度在此模型中也起到了中介变量的作用，平台用户的期望确认度和感知娱乐性可以通过用户满意度间接影响用户持续使用行为。

在本模型中，用户感知有用性不能显著影响用户满意度，与原始假设不一致，但是用户的感知娱乐性能显著影响用户满意度，与原假设一致。说明用户在使用有声书平台的过程中，更在意的是平台所提供的娱乐性，而并不期待平台能提高自己的工作效率或者提升个人价值。用户使用有声书平台的场景往往是在等车、乘车、睡觉前等闲暇时间，此时用户处于一种休闲状态，他们需要的是偏向娱乐性的内容，而非需要深度思考的内容。

4.7.3 有关感知互动性的讨论

在原始模型中，本研究假设感知互动性正向影响用户满意度，但实际研究证明，感知互动性与满意度的正向关系不成立。感知互动性是指用户在有声书平台使用过程中所感知到的与其他用户交流的程度。造成此项假设不成立的原因可以归结为以下两点：第一，用户使用有声书平台的主要目的是获取有声内容，并非为了参与用户间的讨论，虽然有声书平台上的用户留言可以让用户体验到互动性，但不是影响用户持续使用有声书平台的主要因素；第二，有声书平台所提供的互动交流服务并未起到实质作用，只是简单的开设留言窗口和评价，功能单一、交流效果有限，用户可以选择其他更为专业的社交平台作为代替品。

4.7.4 有关习惯的讨论

从模型路径分析结果来看，用户满意度正向显著影响用户习惯，路径系数达到 0.689；而用户习惯正向显著影响用户持续使用行为，路径系数也达到 0.622，习惯在用户满意度与持续使用行为之间充当了中介变量。这表明用户对有声书平台的满意度越高，他就越容易形成使用习惯，也就越愿意使用有声书平台。

4.7.5 有关系统兼容性的讨论

实证分析显示，系统兼容性能够正向影响用户持续使用行为，当系统兼容性每增加 1 个单位，则用户持续使用行为增加 0.114 个单位。在本研究情境中，系统兼容性是指用户所使用的有声书平台是否支持不同类型的硬件载体或是操作系统。在移动互联网背景下，若有声书平台能支持 PC 端平台和移动端平台，又能同时支持 IOS 系统和 Andrid 系统等，让用户不必受限于硬件设备和系统的差异，能在多种环境下随意使用有声书平台，则用户的持续使用行为会得到提升。

4.8 本章小结

本章在梳理前人相关研究的基础上，结合对有声书平台用户的深度访谈，将期望确认模型和信息系统成功模型融合在一起，并纳入感知娱乐性、感知互动性、习惯、系统兼容性等因素，构建了有声书平台用户持续使用行为影响因素模型，并用结构方程模型法对其进行实证检验和分析。

本研究采用结构方程模型分析法，先根据前人的调研问卷对题项进行情景化改编，然后与各方专家讨论后修正问卷项。正式问卷发放给筛选出的用户，最终获得 375 份有效答卷。随后，通过 SmartPLS 统计软件对数据进行分析，发现测量模型与结构模型的信度、效度都通过检验，说明数据与模型的适配度较好，且有 10 个假设都通过路径系数的显著性检验，外生变量对内生变量的解释力度都达到 0.6 的标准，表明本研究所构建的理论模型比较理想。

根据本研究模型的数据得出的结论如下：第一，用户满意度、习惯、系统兼容性是影响用户持续使用有声书平台的重要因素；第二，在用户使用有声书平台的过程中形成的感知有用性、感知娱乐性会对满意度产生影响，同时用户的期望确认度对用户感知有用性以及满意度产生正向影响；第三，用户对有声书平台界面质量、内容质量评价会对用户满意度造成影响；第四，用户满意度能够显著影响用户习惯。

5 有声书平台用户内容付费行为影响因素分析

继越来越多的用户开始使用有声书平台，高黏度用户也在不断增多，巨大的市场吸引各方投资者进入有声书产业。但是当下多数有声书平台依然处于市场培育阶段，用户变现能力不足，还未开发出稳定的盈利模式。而成熟稳定的盈利模式是有声书平台持续发展的基础。对有声书平台企业而言，内容付费是盈利模式中最为重要的组成部分，是实现用户变现的关键所在。一些商业化运作成熟的平台，如喜马拉雅、懒人听书、得到 APP、樊登读书会、静雅思听等，已经开始尝试对内容进行收费。

因此，促成用户为有声书平台内容付费的影响因素有哪些，尤为值得我们深度探讨和研究。基于此，本章以计划行为理论模型为基础，以精选加工可能性模型作为辅助，同时纳入对用户深度访谈所归纳出的潜变量，构建了有声书平台用户内容付费行为影响因素模型，再通过实证分析加以验证，以厘清用户付费行为发生的内在影响因素，帮助我国有声书平台产业制定更加有效的内容付费策略。

5.1 基础理论模型

5.1.1 计划行为理论模型

计划行为理论(Theory of Planned Behavior, TPB)是心理学中发展比较成熟的理论,主要用于预测人们的行为。在其模型中,态度、主观规范、感知行为控制三种变量共同对人的行为意愿起作用。计划行为理论是对理性行为理论(Theory of Reasoned Action, TRA)的修正和继承,后者是Fishbein和Ajzen在1975年提出的理论,主要用于分析个体的态度、行为规范对行为意愿和实际使用行为的影响,它是解释人们行为最有影响力的模型之一,已经被广泛运用于各类研究。但在实践过程中,理性行为理论的诸多弊端显现出来,学者Sheppard B H等研究发现,除非人们在完全理性控制下,人们的意愿才能完全作用于行为。[①] Liska A E 也指出该理论过于依靠人们的自主行为,未能涉及其他社会资源和因素对人们行为的影响。[②] 总而言之,理性行为理论只适用于个体意愿控制力较强的行为分析,而对个体意愿控制不完全的行为的预测则相对较弱。

因此,Ajzen和Fishbein在理性行为理论模型基础上进行修正和完善,克服了原有模型的缺陷,提出了计划行为理论模型。计划行为理论模型将影响个体行为的非理性因素纳入其中,认识到个体的主观意识不完全控制自身的行为。故在原有模型中加入了感知行为控制这一影响因素,最终形成了包含用户态度、主观规范、感知行为控制、行为意图和行为五个影响因素的解释模型。其中用户态度、主观规范、感知行为控制相互影响并直

---

① Sheppard B H, Hartwick J, Warshaw P R. The Theory of Reasoned Action: A Meta-Analysis of Past Research with Recommendations for Modifications and Future Research[J]. Journal of Consumer Research, 1988, 15(3): 325-343.

② Liska A E. A Critical Examination of the Causal Structure of the Fishbein/Ajzen Attitude-behavior Model[J]. Social Psychology Quarterly, 1984, 47(1): 61-74.

接影响用户行为意图，而后间接影响用户实际行为，如图 5.1 所示。

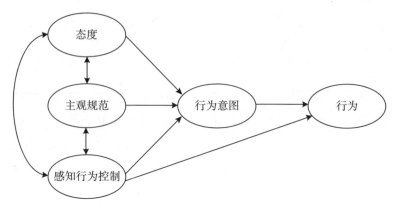

图 5.1　计划行为理论模型

　　计划行为理论的提出为后续的行为研究提供了一个有价值的参考理论，在情报学、图书馆学、心理学等领域的诸多实证研究也证实了它的价值。本研究选用计划行为理论作为基础模型主要是出于以下两点考虑：第一，相较于理性行为理论，计划行为理论的模型完善度和解释力度较强，这是根据前人实证得出的结论。① 第二，本章节主要是探究用户内容付费行为的影响因素，这不同于用户对其他信息系统的接受程度，而是属于用户的决策过程，是行为活动，故计划行为理论模型更适合付费行为。Taylor S 和 Todd P A 也通过实证研究表明，计划行为理论模型在解释实际影响使用者因素的时候，能提供更多的信息。②

---

　　①　Ajzen I, Madden T J. Prediction of Goal-directed Behavior：Attitudes, Intentions, and Perceived Behavioral Control［J］. Journal of Experimental Social Psychology, 1986, 22（5）：453-474.

　　②　Taylor S, Todd P A. Understanding Information Technology Usage：A Test of Competing Models［J］. Information Systems Research, 1995, 6（2）：144-176.

5.1.2 精细加工可能性理论模型

精细加工可能性理论（Elaboration Likelihood，EL），又称为双路径理论。其中，精细加工是指个体对论据思考的程度，该理论的原则是精细加工的连续性，范围从低水平精细加工（浅层思考）到高水平精细加工（深度思考）。精细加工可能性理论模型认为有两个层面的路径可以直接引发用户行为态度的改变，如图5.2所示，一是中枢路径；二是边缘路径。这两个层面的路径不是固化不变的，它们会根据个人情况发生改变。当个体具备较高的专业知识时，他们会依靠中枢路径（即深度思考）来判断事物，而不关注边缘路径的信息；当个人对此方面的专业知识较欠缺时，他们则会求助于边缘路径来判断事物，而忽视中枢路径的信息。①影响精细加工可能性的因素通常包括动机和能力两个方面，他们选择中枢路径还是边缘路径取决于他们加工信息的动机和能力。人们处理加工信息的深度随着他们的动机和能力的提升而增加。当动机或能力较强时，他们会倾向于通过中枢路径来加工处理信息，当动机不充分或能力不足时，他们则通过边缘路径来加工信息。尽管由中枢路径引起的态度变化是最理想的状态，但也是难度较大的一条路径，因为人们必须具备充分的动机和能力对主题进行精细加工。

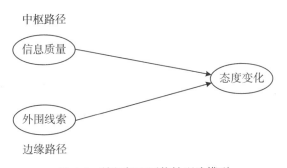

图5.2 精细加工可能性理论模型

---

① 查先进，张晋朝，严亚兰．微博环境下用户学术信息搜寻行为影响因素研究——信息质量和信源可信度双路径视角［J］．中国图书馆学报，2015，41（3）：71-86.

心理学、社会学、情报学等领域的研究者已经借助精细可能性理论模型开展了大量的实证研究。国内学者查先进、张晋朝等基于精细可能性理论模型对用户在微博环境下的学术信息搜索行为进行研究，发现信息质量、信息可信度对用户的情感反应和认知反应产生影响，进而发现中枢路径对情感反应和认知反应的影响系数大于边缘路径对情感反应和认知反应的影响系数，说明用户在搜索学术信息时，趋向于使用深度思考而非浅层思考。① 曾群、程晓、周小渝等使用精细可能性理论模型分析网络舆情在社交网络上的传播机制，实证表明舆情信息质量、媒体干预和政府引导会影响用户的情感态度。② 程晓宇、刘坤锋等利用精细可能性理论模型研究移动阅读用户付费阅读意愿时，发现信源的可信度与信息整体质量能对用户的使用态度产生影响。③ 国外的学者中，Zhou T 等使用精细可能性理论模型研究用户对在线银行的信任态度时，发现网络银行的信息质量、系统质量和声誉能正向影响用户的信任度。④ Filieri R 和 McLeay F 基于精细加工可能性理论研究用户对于在线旅游网站信息的采纳行为时，通过实证分析发现在线旅游网站消息的准确性、增值性、相关性等中枢路径信息和商品排名等边缘路径信息显著影响旅客对在线点评信息的采纳。⑤

影响有声书平台用户内容付费的因素涉及层面较多，过程复杂。从实际情况来看，只从中枢路径和边缘路径去分析用户的内容付费行为，解释力度有限。故本研究根据实际情况，将计划行为理论与精细加工可能性理

---

① 查先进，张晋朝，严亚兰. 微博环境下用户学术信息搜寻行为影响因素研究——信息质量和信源可信度双路径视角[J]. 中国图书馆学报，2015，41(3)：71-86.

② 曾群，程晓，周小渝，等. 基于双路径模型的网络舆情在社交网络上的传播机制研究[J]. 情报科学，2017(6)：29-33.

③ 程晓宇，刘坤锋. 移动阅读用户付费阅读意愿影响因素研究[J]. 图书馆学研究，2017(16)：87-96.

④ Zhou T. Understanding Users' Initial Trust in Mobile Banking：An Elaboration Likelihood Perspective[J]. Computers in Human Behavior，2012，28(4)：1518-1525.

⑤ Filieri R, Mcleay F. E-WOM and Accommodation：An Analysis of the Factors that Influence Travelers' Adoption of Information From Online Reviews [J]. Journal of Travel Research，2013，53(1)：44-57.

论融合，以期构建更符合有声书平台用户内容付费情景的模型。

5.2 用户访谈与访谈结果

5.2.1 访谈对象

本研究鉴于有声书平台用户内容付费情景的特殊性，拟先对有声书平台用户中有过付费经验者进行深度访谈，根据访谈内容提炼适用于基础模型的潜变量，以构建符合实际情况的研究模型。访谈对象主要来自有声书平台的网络社群中有过内容付费经验的用户，最终有 13 名用户愿意接受访谈。在正式访谈前，从 13 名受访者中随机选取 2 名作为预访谈对象，以便根据实际情况对访谈内容进行调整。访谈对象基本信息见表 5.1。

表 5.1　　　　　　　　　　　访谈对象基本情况

访谈对象编号	性别	年龄	教育背景	所在地
＊	男	31	硕士	广东深圳
＊	女	29	本科	湖北荆门
C1	女	25	本科	河南郑州
C2	男	22	本科	陕西西安
C3	男	19	大专	贵州贵阳
C4	女	20	本科	湖北十堰
C5	女	21	本科	湖北荆州
C6	女	25	硕士	江西鹰潭
C7	男	36	硕士	广东深圳
C8	女	25	硕士	山东青岛
C9	女	31	本科	广东广州
C10	男	50	高中	湖北武汉
C11	女	43	高中	河北石家庄

（注："＊"为预访谈用户）

5.2.2　访谈程序

完成预访谈后，根据访谈内容对大纲进行调整修改，然后对另外 9 名用户进行正式访谈，此次访谈依然通过即时聊天工具在网络上完成。访谈时间从 2017 年 10 月 20 日至 2017 年 11 月 5 日，每次访谈时间约为 30~45 分钟。整个访谈过程与前文所述一致，故不在此赘述。

5.2.3　访谈结果

用户是有声书平台内容付费行为的主体，也是对此行为最有发言权的群体，虽然用户很难说出跟模型完全吻合的关键词和指标，但是通过访谈者的引导，加上采用文本内容分析法，我们依然可以从用户访谈内容中归纳出不同于以往文献记载的影响因素，这些因素更符合用户的付费情景。例如，在访谈过程中，众多研究者提到"试听体验"对自己购买有声内容意愿的影响，"试听体验"极少出现在前人的理论模型中，它也成为本理论模型中较为有特点的影响因素之一。

(1)感知行为控制

在访谈过程中，有 5 位受访者谈到了在为有声内容付费过程中遇到的麻烦，其中有支付流程设计问题、支付选择问题等，部分访谈内容如下。

受访者 C1 回忆起他曾经几次放弃付费的意愿，都是由于有声书平台的支付流程过于繁琐："有些有声书平台的付费方式很复杂，居然不能用支付宝或者微信直接支付。比如喜马拉雅平台，我需要先购买喜点，再用喜点去购买有声内容；静雅思听平台也需要购买谷粒，再用谷粒去兑换内容。这些方式费时费力，我有好几次因为过于麻烦而终止付费了。"

受访者 C2 表示很多有声书平台的付费选择较为单一，给他带来了麻烦，浪费时间："我在使用得到 APP 时，发现此平台的付费选择比较单一，需要我的手机绑定苹果商城才行，无法选择其他付费方式。如果它能使付费方式多元化，我相信会有更多的人愿意为内容付费。"

受访者 C5 将有声书平台的付费方式与网络视频平台做了对比："相较于腾讯视频、爱奇艺等在线视频平台，有声书平台的付费过程太复杂，完全没有考虑用户体验，网络视频基本实现一键付费，几秒钟就可完成在线支付，可是有声书平台就过于麻烦。"

(2) 感知价格

付费有声内容作为商品，势必会涉及价格问题，价格的高低往往会直接影响用户的付费意愿。在访谈过程中，有 6 名受访者谈到了价格对自己付费意愿的影响，部分访谈内容如下：

受访者 C6 将纸质版本的图书与有声版本内容进行了价格对比，认为一套有声书的价格较高："我依然觉得有声内容的定价过高了，有些有声内容的价格是纸质书的很多倍，例如《人民的名义》纸质版 35 元左右，但是在有声书平台上则需要花费 160 元以上。我感觉价格还是有些高了。"

受访者 C7 表示价格的高低会影响他的付费意愿："我觉得有声内容价格是我要考虑的问题，听一整套书价格在 200 元左右，但是内容含量不一，有的一套书 50 集，有的 200 集。如果定价太高，我就不会买了。"

受访者 C8 认为只要是他需要的内容，售价并不在他的考虑范围内："我觉得有声书平台上的付费内容价格不会影响我的付费意愿，当内容能满足我的需求时，我不会在意价格。"

受访者 C11 认为单集有声书的价格合理："我觉得一套有声书价格看似很贵，但是实际上平均到每一集的话，价格还是比较低的，所以我对价格不是很敏感。"

(3) 个人付费意识

这里的个人付费意识是指用户对网络虚拟产品付费的态度，网络虚拟产品由于其特殊性，很多用户并没有认识到它的商品特性，尤其是我国网民的个人付费意识较弱。在访谈过程中，有 5 位用户谈及了过往为网络产品付费的经历和付费态度，部分访谈内容如下。

受访者 C1 表示自己有为网络虚拟产品付费的习惯："我有为网络产品付费的习惯，我开通了很多视频网站的 VIP 付费，当发现喜欢的有声内容后，也会为此付费。"

受访者 C3 表示虚拟产品作为凝结制作者心血的商品，为其付费是合理的："我经常购买网络虚拟产品，毕竟这也是生产者的劳动结晶，与普通商品一样，想要高质量的产品，也是需要付费的。"

受访者 C8 认为付费可以促进创新产品的出现，可以促进更多高质量内容的生产："为网络虚拟产品付费已经是大势所趋，付费后往往能获得更好的服务体验和产品质量，这是免费产品所不能比拟的，从保护版权和鼓励产品创新的立场来看，我是愿意为有声内容付费的。"

(4) 试听体验

当问及受访者哪些因素会影响其付费意愿时，有 3 位受访者谈到了试听体验这一因素，通过试听体验初步确认音频质量是用户付费前的基本行为，部分访谈内容如下。

受访者 C5 谈及试听部分能为他判断质量提供帮助："毕竟是付费内容，消费前感受一下质量，我会觉得更有保障，这会影响我的购买意愿。"

受访者 C7 表示同质化有声内容较多，要进行试听对比才能确定最后的选择："基本所有有声付费内容都可以提供试听体验，在内容相似的情况下，我可以从试听中初步判断有声内容的质量，感受一下背景音乐、演播者和音质等基本情况,以选择最适合我的那一款。"

受访者 C10 说道:"我觉得试听部分的感觉,会影响我的付费意愿,付费有声内容大多数会提供试听片段,我可以从试听部分感知演播者的水平,还有整体质量。"

(5)在线评价

当问及受访者外界的态度是否会影响他们的付费态度时,有 5 位受访者谈到在线评价最能影响到他们的付费态度,部分访谈内容如下。

受访者 C9 提到他的态度会根据付费有声内容的好评数与差评数而发生改变:"我在购买网络产品前,都会认真关注一下曾经购买者的评价,如果好评较多,我会更愿意购买;如果差评多,我就会放弃购买。总之,对产品的在线评价会影响我的付费态度。"

受访者 C10 表示自己就倾向于为用过的产品留言,所以很相信其他用户在线评价的真实性:"我相信大多数在线评论是真实且有效的,我自己也经常在平台上留言,表达自己对产品的态度,所以我会在犹豫不决的时候,查阅前人的留言评论,如果好评多,我就会相信该产品的质量。"

5.3　影响因素与假设

5.3.1　信息质量

多数学者认为信息质量是个过于宽泛的概念,从单一角度考察信息质量并不能满足实际需求,而需要从多维度解构信息质量。[1] 故在前人的研

---

① Taylor R S. Value Added Processes in Information Systems [M]. NJ: Ablex Publishing Group Inc., 1986.

究中，信息质量常被作为二阶变量进行探讨以保证研究的合理性，例如，查先进、张晋朝等在研究微博环境下的学术信息搜索行为时，将信息质量作为二阶变量，把信息准确性、完整性、及时性、相关性、范围等变量作为一阶变量。① 曾群、程晓等在研究网络舆情在社交网络上的传播机制时，将舆情信息质量作为二阶变量，把完整性、典型性、可靠性和相关性作为舆论信息质量的一阶变量。② Moores T T 在研究用户采纳电子医疗系统时，把信息质量作为二阶变量，把准确性、内容、形式和及时性作为医疗系统信息质量的一阶变量。③ Gorla N、Somers T M 和 Wong B 在研究企业对信息系统的使用时，把信息质量作为二阶变量，把信息内容和信息形式作为企业信息系统的一阶变量。④ 前人的研究已经证明，将信息质量作为二阶变量，会使得对信息质量的测度更加准确合理。

在本研究中，信息质量也将作为二阶变量出现在模型中。这里信息质量指的是用户对有声书平台付费内容质量的总体感知，参考前人文献和实际情况，将付费内容的信息质量划分为完整性、及时性、可靠性三个维度，并构建成一个反映信息质量的二阶潜在变量。此外，根据精细加工可能性理论模型的原则，用户对信息质量的判断会花费较多时间和精力，并对用户态度产生较为稳定的影响，因此将信息质量作为本研究模型的中枢路径，并做出以下假设。

H1：信息质量正向影响用户付费态度

①　查先进，张晋朝，严亚兰. 微博环境下用户学术信息搜寻行为影响因素研究——信息质量和信源可信度双路径视角[J]. 中国图书馆学报，2015，41(3)：71-86.

②　曾群，程晓，周小渝，等. 基于双路径模型的网络舆情在社交网络上的传播机制研究[J]. 情报科学，2017(6)：29-33.

③　Moores T T. Towards an Integrated Model of IT Acceptance in Healthcare [J]. Decision Support Systems，2012，53(3)：507-516.

④　Gorla N，Somers T M，Wong B. Organizational Impact of System Quality，Information Quality，and Service Quality[J]. Journal of Strategic Information Systems，2010，19(3)：207-228.

5.3.2 在线评价

在线评价是电子商务平台中一种代表性电子口碑，网络消费者在购买产品之前，往往会根据在线评价进行购买决策。[①] 在本研究中，在线评价是指有声书平台用户受到其他用户评论的影响情况。在此前的研究中，Chevalier S A、Mayzlin D 等曾经对亚马逊和巴诺两家在线书店进行了实证研究，发现顾客的购买态度会受到在线评价和评分的影响，顾客会觉得在线评价、评分高的图书拥有更大的价值，从而改变自己的购买态度。[②] Amblee N、Bui T 在研究网络用户购买数字内容产品的影响因素时，发现在线口碑能左右影响用户的购买态度。[③] 此外，Bei L T、Chen E Y I 等研究表明，相较于购买搜索类产品的消费者，购买体验型产品的消费者更愿意接受在线评价的意见，而有声内容正是典型的体验型产品。[④]

此外，在精细加工可能性理论模型中，在线评价属于用户不用花费太多努力就能较为轻松获得的外围线索，对用户的态度影响较为明显，故该潜在变量作为模型中的边缘路径。精细加工可能性理论模型中边缘路径正向影响用户态度。因此本研究作出以下假设。

H2：在线评价正向影响用户付费态度

---

① Keaveney S M. Customer Switching Behavior in Service Industries：An Exploratory Study[J]. Journal of Marketing, 1995, 59(2)：71-82.

② Chevalier J A, Mayzlin D. The Effect of Word of Mouth on Sales：Online Book Reviews[J]. Social Science Electronic Publishing, 2006, 43(3)：345-354.

③ Amblee N, Bui T. Harnessing the Influence of Social Proof in Online Shopping：The Effect of Electronic Word-of-Mouth on Sales of Digital Microproducts[J]. International Journal of Electronic Commerce, 2011, 16(2)：91-114.

④ Bei L T, Chen E Y I, Widdows R. Consumers' Online Information Search Behavior and the Phenomenon of Search vs. Experience Products[J]. Journal of Family & Economic Issues, 2004, 25(4)：449-467.

5.3.3　感知价格

感知价格是用户对一个产品或者服务售价的态度，用户的感知价格越高，则用户的购买意愿就越低；反之亦然。在本研究情境中，感知价格是指有声书平台用户在进行内容付费之前，对其要购买的有声内容售价的感知。在过往的研究中，用户的感知价格对用户购买意愿的影响已经得到诸多学者的验证，其中，Kuo Y F 等在研究用户付费使用 3G 增值服务时，实证发现感知价格能够对用户的使用意愿产生负向作用；[1] Kim D 和 Sugai P 等在研究日本居民在固定网络和移动网络不同情况下的付费意愿差异时，发现感知价格负向影响用户付费意愿。[2] 张衡在研究我国手机游戏玩家付费意愿时，发现感知价格对用户付费意愿产生负向影响。[3] 有声书内容作为待付费的虚拟产品，用户必须付出一定量的货币才能换取，用户对其售价的态度也必然会影响用户的购买意愿。因此本研究提出以下假设：

H3：感知价格负向影响内容付费意愿

5.3.4　感知行为控制

在本研究中，感知行为控制是指有声书平台用户对平台所采用的支付方式难易程度的感知，用户感知行为控制越强，则用户的使用意愿就越强。目前有声书平台的内容购买流程各异，包括充值虚拟货币、直接支付宝或者银行卡等端口均可实现付费，过于复杂的付费方式会影响到用户的

---

[1]　Kuo Y F, Yen S N. Towards an Understanding of the Behavioral Intention to Use 3G Moblie Value-added Services[J]. Computers in Human Behavior, 2009(1)：103-110.

[2]　Kim D, Sugai P. Differences in Consumer Loyalty and Willingness to Pay for Service Attributes Across Digital Channels：The Case of Japanese Digital Content Market [J]. Telecommunications Policy, 2008, 32(7)：480-489.

[3]　张衡. 手机网络游戏玩家付费意愿的影响因素研究[D]. 上海：华东理工大学, 2014.

付费意愿。在前人的研究中，Kang H、Hahn M、Fortin DR 等在研究消费者使用电子优惠券意愿时，发现消费者的感知行为控制能正向影响用户的电子优惠券使用意愿。[①] Basil M 在研究印度消费者购买外国文化衫行为时，发现用户感知行为控制越高，则用户购买的意愿就越高。[②] Khatimah H、Halim F 在研究印度尼西亚居民使用电子支付方式时，发现居民的感知行为控制能正向影响用户的使用意愿。[③] 在对用户的访谈中，也有用户表示如果有声书平台内容付费的流程简单，操控方便，他们会更愿意为内容付费。故本研究做出以下假设：

H4：感知行为控制正向影响内容付费意愿

5.3.5 个人付费意识

本研究中，个人付费意识是有声书平台用户对互联网内容付费的态度。在互联网发展初期，由于我国对网络内容缺乏规范的管理，致使盗版横行、版权责任意识涣散，用户乐于享受免费的产品，这种免费使用的习惯阻碍了当前用户对网络产品的付费意愿。Fulton 认为互联网内容免费意识已经根深蒂固，要想转变这种态度是一项巨大的挑战，需要持续的营销和宣传来促使用户养成付费的习惯。在过往的实证研究中，李雅筝在研究在线教育平台用户课程付费意愿时，发现个人付费意识对用户付费意愿有着正向作用。[④] 程晓宇和刘坤锋在研究用户为移动阅读内容付费影响因素

---

① Kang H, Hahn M, Fortin D R, et al. Effects of Perceived Behavioral Control on the Consumer Usage Intention of E-coupons[J]. Psychology & Marketing, 2006, 23(10): 841-864.

② Basil M. Consumer Purchase Behaviour towards Foreign Made Ethnic Wear[J]. IOSR Journal of Business and Management, 2013, 15(4): 27-36.

③ Khatimah H, Halim F. The Effect of Attitude and its Decomposed, Perceived Behavioral Control and Itsdecomposed and Awareness on Intention to Use E-money Mobile in Indonesia[J]. Journal of Scientific Research and Development, 2016, 3(1): 39-50.

④ 李雅筝. 在线教育平台用户持续使用意向及课程付费意愿影响因素研究[D]. 合肥：中国科学技术大学，2016.

时，发现个人付费意识能对用户付费意愿产生正向作用。① 在网络资源丰富的情况下，用户可以通过其他免费渠道获取有声阅读内容，但是随着用户版权意识强化、支付手段进步、人均收入提升等因素，越来越多的用户愿意为网络内容或服务付费，用户个人付费意识的强弱会直接影响到付费意愿。故本研究提出假设如下：

H5：个人付费意识正向影响内容付费意愿

5.3.6 试听体验

试听体验是根据用户访谈总结出来的新变量，用来反映用户对有声书平台付费内容试听服务的感知情况。从对用户的访谈来看，有声内容的试用体验是用户确认内容质量的主要途径。大多数有声书平台的付费内容都会提供试听体验的服务，在用户购买有声内容之前，可以通过免费试听内容的质量来判断整体质量，从而影响用户的付费意愿。因此，本研究认为，若付费有声内容给用户提供良好的试听服务，则用户就会更倾向于为此内容付费；反之亦然。故本研究作出以下假设：

H6：试听体验正向影响内容付费意愿

5.3.7 付费态度

在本研究中，付费态度是指有声书平台用户对购买有声内容这项行为所抱有的正面或者负面感觉。在计划行为理论模型中，态度正向影响用户意愿。前人诸多研究已经证实了这样的关系，例如，Yousafzai S Y、Foxall G R 等在研究用户网络银行使用行为时，证明用户对网络银行的态度对用

---

① 程晓宇，刘坤锋. 移动阅读用户付费阅读意愿影响因素研究[J]. 图书馆学研究，2017(16)：87-96.

户使用意愿有着正向影响。① Gopi M、Ramayah T 在研究用户的在线购物意愿时，也证明用户对在线购物的态度会影响用户购买意愿。② 徐梦莹在研究用户为视频网站上的内容付费行为时，发现用户对视频网站的态度正向影响用户意愿。③ 因此，本研究预测有声书平台用户对有声内容的付费态度能对用户付费意愿产生影响，并作出以下假设：

H7：付费态度正向影响用户付费意愿

5.3.8　付费意愿

在本研究中，付费意愿是指有声书平台用户将会采取付费行为的意愿强度，付费意愿将会影响用户的实际购买行为。付费意愿是用户产生实际购买行为的关键因素，用户的付费意愿越高，则付费行为可能性越大。在本研究模型中，用户付费意愿是整个模型中的关键因素，受到诸多外生变量影响的同时，也正向影响着用户购买行为。前人诸多研究已经证实了用户意愿和实际行为之间的关系，例如，Lim H、Dubinsky A J 研究用户在电子商务网站上的购物行为时，证明用户的付费意愿正向影响用户实际行为。④ 因此，本研究预测有声书平台用户的内容付费意愿对用户实际付费行为产生影响，并作出以下假设：

H8：付费意愿正向影响用户付费行为

①　Yousafzai S Y, Foxall G R, Pallister J G. Explaining Internet Banking Behavior：Theory of Reasoned Action, Theory of Planned Behavior, or Technology Acceptance Model？[J]. Journal of Applied Social Psychology, 2010, 40(5)：1172-1202.

②　Gopi M, Ramayah T. Applicability of Theory of Planned Behavior in Predicting Intention to Trade Online[J]. International Journal of Emerging Markets, 2007, 2(4)：348-360.

③　徐梦莹. 基于计划行为理论的互联网在线视频网站用户付费行为意愿影响机理研究[D]. 南京：南京理工大学, 2017.

④　Lim H, Dubinsky A J. The Theory of Planned Behavior in E-Commerce：Making a Case for Interdependencies Between Salient Beliefs[J]. Psychology & Marketing, 2005, 22(10)：833-855.

5.3.9 付费行为

在本研究情境中，用户付费行为是指用户现在或者未来在有声书平台上购买付费内容的行为，属于一种实际发生行为。用户付费行为是本研究模型的最终目的，是核心因变量，主要受到用户付费意愿的影响。

5.4 理论模型构建

本研究以计划行为理论模型和精细加工可能性理论模型为基础，再纳入访谈所提取的影响因素，构建有声书平台用户内容付费行为影响因素模型，此模型内的信息质量因素为二阶变量，能反映完整性、及时性、可靠性三个一阶变量，此外还包括在线评价、感知价格、个人付费意识、感知行为控制、试听体验、付费态度、付费意愿和付费行为 8 个潜变量，最终形成理论假设模型如图 5.3 所示。

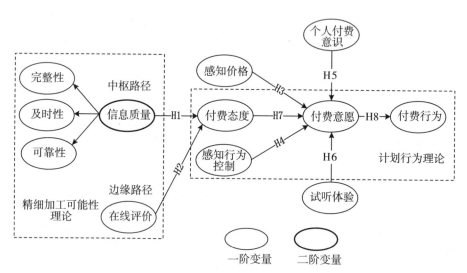

图 5.3　有声书平台用户内容付费行为影响因素理论模型

5.5 量表设计与数据收集

本研究采用结构方程模型法对有声书平台用户内容付费行为影响因素理论模型进行检验，以验证各潜变量之间的假设是否成立。本研究在前人研究的基础上，结合有声书平台用户使用情景，设计开发用于测量潜变量的量表。

量表设计过程与前文相似，依然是先借鉴前人研究中的量表进行改编，鉴于本模型中的系统兼容性在前人的研究中并未出现，本研究根据其内涵自行编制问题项。初始问卷设计完成后，依然邀请专家小组对问卷题项、用词、逻辑等进行修正，最后完成包含 33 个题项的量表，见表 5.2。

表 5.2　　　有声书平台用户内容付费行为影响因素测量题项

潜在变量	指标编码	测量问项	参考文献
完整性	PI1	我认为收费有声书的内容是完整的	查先进①
	PI2	我认为收费有声书的内容是全面的	
	PI3	总之，我认为收费的有声书内容很少存在内容缺失这种情况	
及时性	PT1	我认为收费有声书的内容更新比较快	Wixom②
	PT2	我认为收费有声书的内容一般是最新的	
	PT3	总之，我认为收费有声书的内容更新比较及时	

---

① 查先进，张晋朝，严亚兰. 微博环境下用户学术信息搜寻行为影响因素研究——信息质量和信源可信度双路径视角[J]. 中国图书馆学报，2015，41（3）：71-86.

② Wixom B H, Todd P A. A Theoretical Integration of User Satisfaction and Technology Acceptance[J]. Information Systems Research, 2005, 16(1)：85-102.

续表

潜在变量	指标编码	测量问项	参考文献
可靠性	PR1	我认为付费有声内容质量会比较有保证	McKinney 等①
	PR2	我认为付费有声内容的音效更好	
	PR3	我更信任付费有声内容	
在线评价	OM1	我认为关于付费有声内容的评论信息是可靠的	Lee M 等②
	OM2	我认为关于付费有声内容的评论信息是值得信赖的	
	OM3	我更愿意为评论较多的有声内容付费	
感知价格	PP1	我认为付费有声书的定价是合理的	Kim D 等③
	PP2	我对付费有声书的价格比较满意	
	PP3	我认为付费有声书的性价比很不错	
感知行为控制	PPM1	我觉得有声书平台所提供的支付界面简洁明了，很容易操作	Ajzen I④
	PPM2	我觉得有声书平台所设计的支付流程简单明确，很容易完成	
	PPM3	我能很快地在有声书平台上完成有声内容购买活动	

---

① McKinney V, Yoon K, Zahedi F M. The Measurement of Web-Customer Satisfaction: An Expectation and Disconfirmation Approach[J]. Information Syetem Research, 2002, 13(3): 296-315.

② Lee M, Youn S. Electronic Word of Mouth (eWOM): How eWOM Platforms Influence Consumer Product Judgement[J]. International Journal of Advertising, 2009, 28(3): 473-499.

③ Kim D, Sugai P. Differences in Consumer Loyalty and Willingness to Pay for Service Attributes Across Digital Channels: The Case of Japanese Digital Content Market[J]. Telecommunications Policy, 2008, 32(7): 480-489.

④ Ajzen I. The Theory of Planned Behavior[J]. Reseaech in Nursing & Health, 1991, 14(2): 137-144.

续表

潜在变量	指标 编码	测 量 问 项	参考文献
个人付费 意识	IPC1	我曾经有过为互联网内容或服务付费的经历(如视频/音乐)	程晓宇①
	IPC2	我觉得为有价值的互联网内容或者服务付费是合理的	
	IPC3	我觉得付费获取的内容和服务,其价值和服务质量更高	
试听体验	TE1	若有付费有声内容支持免费试听,能帮助我做出更理智的购买决策	李雅筝②
	TE2	试听部分若能吸引我,我的付费意愿会更强	
	TE3	总之,付费有声内容试听效果会影响我的付费意愿	
付费态度	PA1	我认为阅读付费内容是个好主意	Ajzen I③
	PA2	我认为阅读付费内容是明智之举	
	PA3	我喜欢阅读付费内容	
付费意愿	PW1	我可能会(继续)付费收听一些有声内容	Ajzen I④
	PW2	如果我认为有声内容是有价值的,可能会尝试付费使用	
	PW3	我愿意将一些好的付费有声内容推荐给周围的人	

① 程晓宇,刘坤锋.移动阅读用户付费阅读意愿影响因素研究[J].图书馆学研究,2017(16):87-96.

② 李雅筝.在线教育平台用户持续使用意向及课程付费意愿影响因素研究[D].合肥:中国科学技术大学,2016.

③ Ajzen I. The Theory of Planned Behavior[J]. Reseaech in Nursing & Health,1991,14(2):137-144.

④ Ajzen I. The Theory of Planned Behavior[J]. Reseaech in Nursing & Health,1991,14(2):137-144.

续表

潜在变量	指标编码	测 量 问 项	参考文献
付费行为	PB1	我有过在有声书平台上购买有声内容的经历	Ajzen I①
	PB2	我经常在有声书平台上购买有声内容	
	PB3	我以后也会继续在有声书平台上购买有声内容	

在调研时，因为笔者将关于有声书平台用户采纳行为、持续使用行为和内容付费行为影响因素的问卷派发给同一组用户（具体参见前面的"3.5.3 样本数据获取以及处理"和表 3.3 的相关内容），主要通过问卷星平台回收问卷，共回收 375 份有效问卷，问卷整理原则和样本基本信息的特征已经在前文说明，所以在此略过。

5.6 模型信度效度检验

5.6.1 测量模型信效度检验

信度检验。本研究测量模型的信度主要通过检验平均萃取方差、复合信度和克隆巴赫系数三项指标完成。根据 Chin W W 的标准，AVE、CR、克隆巴赫系数的临界值分别需要在 0.5、0.7 和 0.7 以上，方可证明数据信度可靠。② 检验过程在 SmartPlS 软件内完成，最终结果见表 5.3。由表 5.3 可知，最小测量项的 AVE 值为 0.721、CR 值为 0.901、克隆巴赫系数为 0.834，均大于临界值，可证明样本数据内部一致性较好，测量模型的信度

---

① Ajzen I. The Theory of Planned Behavior[J]. Reseaech in Nursing & Health，1991，14(2)：137-144.

② Chin W W. The Partial Least Squares Approach for Structural Equation Modeling [M]//Marcoulides G A. Modern Methods, for Business Research. Lawrence Erlbaum Associates Publishers，1998：295-336.

较高。此外，在内容有效性上，由于测量指标题项大多改编自已有的文献，或者是经过专家小组商议后得出的问题项，故可以认为内容效度较好。

表 5.3　　　　　　　各测量度因子载荷和变量组合信度

变量	测量题项	因子载荷	组合信度（CR）	平均提取方差值（AVE）	克隆巴赫系数
完整性	PI1	0.871	0.905	0.751	0.857
	PI2	0.863			
	PI3	0.851			
及时性	PT1	0.916	0.929	0.826	0.817
	PT2	0.853			
	PT3	0.907			
可靠性	PR1	0.866	0.901	0.721	0.854
	PR2	0.832			
	PR3	0.821			
在线评价	OM1	0.829	0.921	0.751	0.834
	OM2	0.834			
	OM3	0.815			
感知价格	PP1	0.824	0.919	0.814	0.886
	PP2	0.814			
	PP3	0.808			
感知行为控制	PPM1	0.845	0.933	0.809	0.858
	PPM2	0.834			
	PPM3	0.872			
个人付费意识	IPC1	0.852	0.926	0.761	0.843
	IPC2	0.863			
	IPC3	0.871			

续表

变量	测量题项	因子载荷	组合信度（CR）	平均提取方差值（AVE）	克隆巴赫系数
试听体验	TE1	0.835	0.916	0.785	0.863
	TE2	0.836			
	TE3	0.817			
付费态度	PA1	0.829	0.917	0.819	0.889
	PA2	0.906			
	PA3	0.909			
付费意愿	PW1	0.867	0.906	0.764	0.845
	PW2	0.876			
	PW3	0.866			
付费行为	PB1	0.83	0.926	0.806	0.881
	PB2	0.879			
	PB3	0.919			

　　效度检验。收敛效度和区分效度是观测每个指标所测变量与理论因素一致性的两项重要指标。收敛效度指不同测量指标与所测同一变量间的一致性程度，通过观察潜变量与测试项目之间的因子载荷数值（Loading）来判断。就社会科学研究而言，结构方程模型因子负载数的计算统计结果为：因子负载数值大于 0.6，即表明收敛效度符合要求。由表 5.3 可知，各潜变量的测量因子载荷均在 0.6 以上，故可证明所有变量具有较好的收敛效度。区分效度是指各个潜在变量的测度项之间具有的差异性程度，通过比较变量间的相关系数与 AVE 的平方根进行检验。当变量 AVE 值的平方根数值要大于该变量与其他变量的相关系数时，则可判断其区分效度良好。本研究使用 SmartPLS 统计软件对量表的区别效度进行观察。通过比较某潜变量与其他潜变量的相关系数与 AVE 的算术平方根以判断区别效度，由表 5.4 可知，潜变量 AVE 的平方根数值都高于其他潜变量的相关系数，

表明各个潜变量之间的区分效度较好，故本测量模型的区分效度可以得到保证。

表 5.4 　　　　　　　各潜在变量间相关系数与 AVE 的平方根

	个人付费意识	付费态度	付费意愿	付费行为	及时性	有用性	在线评价	完整性	感知价格	感知行为控制	试听体验
个人付费意识	**0.903**										
付费态度	0.746	**0.916**									
付费意愿	0.797	0.805	**0.924**								
付费行为	0.757	0.825	0.732	**0.909**							
及时性	0.655	0.532	0.633	0.599	**0.928**						
可靠性	0.744	0.732	0.627	0.723	0.717	**0.917**					
在线评价	0.753	0.676	0.634	0.672	0.733	0.761	**0.908**				
完整性	0.675	0.533	0.632	0.592	0.729	0.678	0.691	**0.911**			
感知价格	0.687	0.713	0.634	0.637	0.639	0.721	0.603	0.619	**0.934**		
感知行为控制	0.709	0.583	0.619	0.611	0.617	0.664	0.693	0.686	0.593	**0.921**	
试听体验	0.767	0.648	0.781	0.656	0.603	0.681	0.644	0.656	0.532	0.752	**0.922**

（说明：粗体字为潜在变量的 AVE 平方根，其他为潜在变量间的相关系数）

5.6.2　结构模型检验

关于结构模型的检验包括对潜在变量之间关系强弱和内生变量的解释度（R^2 值）的检验，前者是对路径系数的估计，主要是对 SmartPLS 所计算出的路径系数、显著度水平（T 值）进行判断；后者内生变量的解释度（R^2 值）是考察模型内生变量被解释效果的基本指标，是用来评价模型内部外生变量对内生变量解释效果的重要指标，R^2 的数值越大，内生变量的被解释程度就越高，模型的结构效果就越好。社会科学研究中，R^2 值大于等于

0.5 被认为解释力度较好。①

本研究使用 SmartPLS 统计软件提供的 Bootstrap 重复样本抽样法对结构模型完成参数检验。Bootstrap 重复抽样法通过对收集的问卷进行重复性的随机抽取，对每一组再抽样样本进行相同的模型估计，用得到的多组参数估计值构造 t 统计量，对模型路径的显著度进行检验是结构方程模型分析中常用的检验方法。结构模型路径系数、显著度水平(T 值)的检验结果如图 5.4 所示。

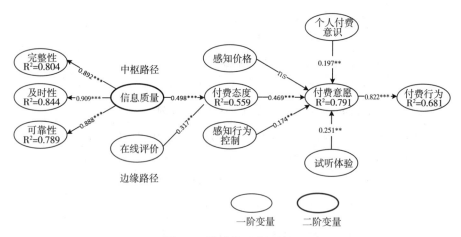

图 5.4　结果模型分析结果

结构模型路径系数、显著度水平(T 值)的检验结果见表 5.5。信息质量正向影响完整性(β=0.892，T 值为 51.569)；信息质量正向影响及时性(β=0.909，T 值为 68.750)；信息质量正向影响可靠性(β=0.888，T 值为 48.134)；信息质量正向影响付费态度(β=0.498，T 值为 4.927)；在线评价正向影响付费态度(β=0.317，T 值为 2.859)；感知价格正向影响付费意愿(β=-0.037，T 值为 0.673)；感知行为控制正向影响付费意愿(β=

①　Chin W W. The Partial Least Squares Approach for Structural Equation Modeling [M]//Marcoulides G A. Modern Methods, for Business Research. Lawrence Erlbaum Associates Publishers, 1998: 295-336.

0.174，T 值为 2.781）；个人付费意识正向影响付费意愿（β = 0.197，T 值为 2.915）；试听体验正向影响付费意愿（β = 0.251，T 值为 3.234）；付费态度正向影响付费意愿（β = 0.469，T 值为 6.668）；付费意愿正向影响用户付费行为（β = 0.822，T 值为 33.151）。

模型的变量解释方差（R^2 值）是指外生变量对内生变量的解释程度，是判断假设模型效度的基本指标。在社会科学中，当内生变量的 R^2 值大于 0.19 时，表示解释力较好；当内生变量的 R^2 值大于 0.67 时，表示模型对内生变量有很强的解释力。根据 SmartPLS 运算结果，本研究模型的三个内生变量付费态度、付费意愿、付费行为的 R^2 值分别为：0.559、0.791、0.681，均大于 0.19，表明外生变量对内生变量的解释力度较好，证实此模型具备较强的预测能力。其中，二阶变量信息质量到完整性、及时性、可靠性的路径系数均大于 0.7，表明模型中设计的信息质量是合格的二阶模型，故前文构建的信息质量二阶模型得到验证。[①]

5.6.3 模型假设检验

结合 8 个假设的内容与结构模型分析的结果，本研究从路径系数、显著度和假设因果关系方向几个层面，检验了模型中 8 组假设的关系，研究假设的检验结果见表 5.5。

表 5.5　　　　　　　　　　研究假设检验结果

假设	假设关系	路径系数	T 值	显著度	检验结果
H1	信息质量正向影响付费态度	0.498	4.924	***	成立
H2	在线评价正向影响付费态度	0.317	2.818	**	成立

① 查先进，张晋朝，严亚兰. 微博环境下用户学术信息搜寻行为影响因素研究——信息质量和信源可信度双路径视角[J]. 中国图书馆学报，2015，41（3）：71-86.

假设	假设关系	路径系数	T 值	显著度	检验结果
H3	感知价格负向影响付费意愿	−0.037	0.673	—	不成立
H4	感知行为控制正向影响付费意愿	0.174	2.781	**	成立
H5	个人付费意识正向影响付费意愿	0.197	2.915	**	成立
H6	试听体验正向影响付费意愿	0.250	3.934	**	成立
H7	付费态度正向影响付费意愿	0.469	6.668	***	成立
H8	付费意愿正向影响付费行为	0.822	33.151	***	成立

检验结果表明，本模型 8 组假设关系中有 7 组通过检验，只有假设 H3 由于显著度不明显（T 值小于 1.96），未通过实证检验，故不成立。

5.7　结论与探讨

本研究在整合了计划行为理论模型和精细加工可能性理论模型基础上，结合用户访谈内容，形成了一个由信息质量、在线评价、感知价格、感知行为控制、个人付费意识、试听体验、付费态度、付费意愿和付费行为 9 个潜在变量组成的有声书平台用户内容付费行为影响因素模型，并通过实证得出下列结论：

第一，付费态度、感知行为控制、个人付费意识、试听体验都能对用户内容付费意愿产生正向影响，但是感知价格无法对用户付费意愿产生影响。

第二，用户的有声内容付费意愿正向显著影响用户的实际付费行为。

第三，信息质量和在线评价都能影响用户态度，但是信息质量对用户付费态度的影响力要大于在线评价。

第四，信息质量更多地体现在及时性这个维度上，表明用户在有声书平台上购买付费有声内容时，更看重内容更新的及时性。

5.7.1 精细加工可能性理论部分的讨论

在精细加工可能性理论部分，实证发现中枢路径(信息质量)到用户付费态度的路径系数为 0.498，即中枢路径(信息质量)每提升 1 个单位，则用户付费态度提升 0.498 个单位；而边缘路径(在线评价)到用户付费态度的路径则为 0.317，即边缘路径(在线评价)每提升 1 个单位，则用户付费态度提升 0.317 个单位。此结果表明，中枢路径(信息质量)比边缘路径(在线评价)更能对用户付费态度产生影响。

产生此结果的主要原因有两条：一是付费有声内容与普通免费有声内容相比，需要用户付出一定量的金钱作为交换，能否用金钱换来等价的高质量内容是用户首要关注的问题，因此用户付费态度更容易受到信息质量的影响；二是大多数付费用户本身就是有声书平台高黏度顾客，它们对有声书平台内容接触较多，对质量内容有着自己的评价标准，其他用户的评价对他们影响较小。

经过实证发现，在信息质量二阶模型中信息质量较好地体现在完整性、及时性和可靠性三个方面，三者的路径系数分别达到 0.892、0.909、0.888，其中及时性最高，说明及时性是用户判断付费有声内容质量的重要因素，而内容质量的完整性和可靠性也会较大影响用户对内容质量的判断。

就及时性而言，有声书平台中付费有声内容往往不是一次性推出，而是分阶段上架，若付费有声内容能及时更新内容，减少用户等待周期，则用户的付费态度会有所提高。以喜马拉雅平台为例，该平台的付费有声内容均为专业生产内容，每套有声内容从制作到生产再到上架都有专人掌控，所以有声内容一旦生产完成便会及时推出面市，且每套有声书的更新都有明确公开的时间规律，做到让用户心中有数。

就完整性而言，有声书平台中付费内容的完整性指的是内容完整有效，有些由用户上传的免费有声内容虽然质量尚可，但完整性较差，内容多有缺失。付费有声内容则需要做到内容完整无缺，有始有终，并高质有效，才能让用户觉得具有较高的质量。

就可靠性而言，付费有声内容必须让用户信任其质量，用户觉得有声书内容是可靠的，就会提升他们的付费态度。有声书向用户公开付费内容制作流程，让用户觉得付费有声内容的质量包括选题、演播者和后期制作都要高于免费内容。以得到 APP 为例，平台不但会向用户详细介绍文本内容，甚至将有声书制作过程中的参与者都告知于用户，包括从选书、撰稿、审稿、录音、剪辑和校对上线，到作品制作所花费的时长，让用户了解一切关于付费内容的情况，让用户相信内容是可靠的。

通过实证分析发现，在线评价对用户付费态度的影响路径达到了0.317，它是间接影响用户付费行为的重要因素。在实际情景中，用户只能通过有限的试听部分判断内容质量，因此用户关于有声内容的在线评论以及口碑就会成为用户对产品价值判断的重要依据。在线评价能确保用户在收听或购买有声产品之前对内容形成预期，以及在收听之后能够对其进行评价和反馈。因此，平台应该重视内容评价体系的建立，通过在线评价来增加用户对内容的感知价值。

5.7.2 计划行为理论部分的讨论

在本研究模型中，付费态度、感知行为控制正向影响用户付费意愿，而付费意愿正向影响用户付费行为。实证分析发现，付费态度每提升 1 个单位，则用户付费意愿就提升 0.498 个单位；感知行为控制每提升 1 个单位，则用户付费意愿提升 0.174 个单位；用户付费意愿提升 1 个单位，则用户付费行为会提升 0.822 个单位，这与计划行为理论模型中的变量关系较为一致。

在本情景中，感知行为控制是指用户根据自己过往的有声书平台付费经历来判断付费过程的难易程度，用户的感知行为控制越高，用户就会越轻松地完成付费过程。有声书平台在设计用户付费流程时，应该化繁为简，减轻用户操作负担。国内大多数有声书平台的付费流程较为繁琐，既没有开通一键支付的功能，也没有与支付宝、微信支付等第三方支付平台合作，这也直接降低了用户付费意愿。例如，用户在喜马拉雅平台上购买有声内容需要先去该平台的官方微信号中购买"喜点"，再由"喜点"充当中介兑换有声书；得到 APP 需要用户先购买"得到贝"，再去兑换有声书。总之，有声书平台的支付流程较为繁琐，降低了用户的感知行为控制，也降低了用户付费意愿。建议有声书平台效仿网络视频的付费方式，与支付宝、微信等合作，增加支付方式，为用户提供多种支付选择。

5.7.3　有关感知价格的讨论

在本研究模型中，感知价格与用户付费意愿的假设关系不成立，造成此结果的原因主要是：一方面，随着我国人均收入水平的提升，可供娱乐的支出有所上涨，整体恩格尔系数下降，用户现在更愿意将金钱投入精神文化享受；另一方面，相对于付费视频等内容的价格而言，有声书的定价尚且不高，故用户对有声内容的价格感知较弱。但随着有声内容付费化日趋普遍，平台间展开价格竞争不可避免。故在此建议，有声书平台应制定合理的价格策略，构建更加灵活的付费形式，根据有声内容的版权价格、下载频率、演播者的身价等因素，进行差异定价。如在喜马拉雅平台上，关于《西游记》的有声版本很多，根据演播者和文本内容的版权价格不同，其定价也有差异，《纪连海说〈西游记〉》全套 88 元、《钱儿爸的超级〈西游记〉》则是单部 39 元。此外，还可增加一些促销活动或者会员充值活动，调动用户积极性，从而更加有效地扩大付费用户群体。

5.7.4　有关个人付费意识的讨论

通过实证分析发现，本模型中个人付费意识与用户内容付费意愿的假设成立，即个人付费意识每提升 1 个单位，则用户内容付费意愿提升

0.197 个单位。也就是用户对于互联网内容是否应当付费的主观认知与用户为有声内容付费的意愿有较大关系，互联网付费意愿较强的用户也更愿意为有声阅读内容付费。由于中国早期互联网版权管理机制落后，存在一定监管缺失，导致盗版内容泛滥，免费模式深入人心，加之互联网自身在浏览、下载、分享方面的便利性，使得一部分用户对付费服务有抵触情绪，这种价值观也阻碍了我国内容产业的良性持续发展。

随着有声书市场的发展，有声内容正经历从免费到收费的转变过程，让用户树立正确的网络产品付费意识至关重要。针对这种情况，从社会管理角度来讲，需要通过各类宣传形式教育国民，增加大众的版权责任意识；从企业角度来讲，有声书平台应该及时开发反盗版系统，增加系统安全性，杜绝有声内容的无节制传播，做好用户合理使用与违规传播的平衡。例如，蜻蜓 FM、得到 APP 和喜马拉雅等有声书平台都在通过内部审核与外部监管的形式，加大对版权的保护，控制内容无序传播。

5.7.5 有关试听体验的讨论

在本研究中，试听体验与用户付费意愿的假设成立，试听体验每提升 1 个单位，则用户付费意愿会提升 0.251 个单位，在影响用户付费意愿的影响因素中仅次于用户付费态度。购买前的试听是有声书平台用户了解内容质量最直接的途径，若在试听过程中给用户带来较好的体验感受，用户的付费意愿会有较大提升。有声书平台通常会提供部分付费内容支持用户免费试听，以帮助用户了解朗读者水平、音质质量和文本特征等与有声内容相关的信息。因此，有声书平台应该重视付费有声内容的试听设计，提升用户试听体验。市面上，蜻蜓 FM、喜马拉雅和得到 APP 等平台都会将付费有声内容的前几个音频内容设定为免费部分，让用户随时试听，良好的试听服务极大地提升了用户的购买意愿。

5.8　本章小结

本章将计划行为理论模型与精细加工可能性理论模型相结合，再根据对有声书平台用户的深度访谈，构建一个由信息质量、在线评价、感知价格、个人付费意识、感知行为控制、试听体验、付费态度、付费意愿和付费行为 9 个影响因素组成的二阶结构方程模型，并对其开展实证检验。

本研究采用结构方程模型分析法，先根据前人研究问卷对题项进行情景化改编，并在与各方专家讨论和调研后修正问卷项。正式问卷发放给筛选出的用户，最终获得 375 份有效答卷。随后，通过 SmartPLS 统计软件对数据进行分析，发现测量模型与结构模型的信度、效度都通过检验，说明数据与模型的适配度较好，且有 9 个假设通过路径系数的显著性检验，外生变量对内生变量的解释力度都达到 0.6 的标准，表明本研究所构建的理论模型比较理想。

根据本理论模型的数据可得出的结论如下：第一，付费态度、感知行为控制、个人付费意识、试听体验能对用户的有声内容付费意愿产生正向影响，但是感知价格无法对用户的付费意愿产生影响；第二，用户的有声内容付费意愿正向影响用户的实际付费行为；第三，信息质量和在线评价都能影响用户态度，但是信息质量对用户付费态度的影响力要大于在线评价；第四，信息质量更多地体现在及时性上，表明用户在有声书平台上购买付费有声内容时，更看重内容更新的及时性。

6 三组理论模型的内在关系及应用分析

本研究认为，有声书平台用户的使用过程会经历三个阶段，从初始的采纳行为到持续使用成为黏度用户，最后到为有声书平台的内容付费，并构成这样三位一体的用户使用行为链。在此行为链过程中，吸引用户关注并开始使用平台是开端，而后应通过优质的服务让用户对平台的满意度不断上升，产生使用习惯，从而对平台产生依赖感，最终转化成具有内容付费意识和行为的深度用户，完成规模用户的价值转化。在本章，要探讨的是不同行为模型的应用场景以及发展建议。

6.1 三组模型的"三位一体"内在关系阐释

基于消费者行为理论来分析，三组用户使用行为模型具有内在的联系，呈现出三位一体的有机组合。在内外因对用户的刺激阶段，潜在用户初始使用有声书平台往往是受到自身需求和外部因素的双重影响。当潜在用户产生收听有声书的意识，再加之受到社会影响时，就会促使用户产生具体的采纳行为。在此行为中，用户需求与外部刺激成为用户产生实际行为的内外因，在本书构建的影响因素模型中，具体表现为听书需求与社会影响这两个潜在变量。一旦用户开始尝试使用有声书平台，便会对平台所提供的内容与服务产生态度上的变化，即用户满意度的形成阶段，而用户的持续使用行为就是对用户满意度的直接反映,用户的满意度越高,则持续使用的可能性就越大,最终就可能诱发用户对平台内容产生付费行为,即进入用户实际购买阶段,如图 6.1 所示。基于前述的理性行为理论和消费者行为理论,我们知道:有声书平台用户的不同行为表现,其本质是消费者消费决策形成和心理过程的一种外在表现。综上,本研究中的三组理论模型之间存在着既相对独立又相互影响的内在关系。

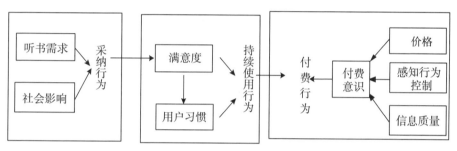

图 6.1　三组模型间的关系图

6.2　模型应用场景与对策研讨

从宏观来看,市场上的有声书平台企业发展水平不一,处于不同发展阶段的平台企业用户情况差异较大,故而需要采用不同的用户策略。像樊登读书会、静雅思听这类平台的用户占有率相对较低,市场曝光度有限,它们虽有优质内容,但是缺乏用户的关注度和采纳意愿,对它们而言,如何吸引用户开始使用平台是当务之急;而酷我听书、酷听听书、掌阅听书这类平台虽在业内有一定知名度,且网页的点击率和移动应用下载数也有一定规模,但是用户跳转率过高,深度用户数量较少,故如何提升用户的使用黏度是它们面临的最大问题;此外,类似喜马拉雅、懒人听书、蜻蜓FM 这种处于行业第一梯队的平台,已经完成了用户的聚拢,拥有较大规模的高黏度用户群,它们现阶段需要尽快实现用户价值转化,吸引用户对内容进行付费,完成盈利是它们现阶段的主要任务。

6.2.1 采纳行为模型应用场景与对策

用户采纳行为模型主要适用于一些规模较小、处于发展初期，亟待吸引用户关注度和聚拢用户的有声书平台企业，如樊登读书会、静雅思听等，这些有声书平台的特点是：具有一定量的优质内容资源，但用户整体规模小，后续营销乏力，此类有声书平台首要解决的问题是如何吸引用户采纳有声书平台。根据前文实证分析，任务/技术匹配度、绩效期望、努力期待、社会影响和个人创新意识都能通过用户采纳意愿影响到用户的采纳行为，故本书将此结论作为制定策略的依据，建议如下：

第一，优化有声书平台功能设计与开发。本研究的实证分析发现任务/技术匹配度、绩效期望、努力期待三项因素均能正向影响用户的采纳意愿。此三项变量都与用户对平台功能的感知有关。用户采纳有声书平台的主要原因就是平台所提供的功能，这种功能是区别有声书平台与其他信息系统的主要特征。有声书平台的主要功能是向用户提供有声阅读服务，满足用户渴望利用碎片化时间的需求。因此，有声书平台在设计与开发功能时，应该注意用户的使用需求和场景。例如，在选项引导栏设计上，注意模块的简洁性和实用性，使之更符合户外使用需求；在评论功能设计上，通过增加"我要评论"按钮，鼓励用户进行内容的评论，方便用户自由讨论听后感；在用户注册流程设计上，宜简化操作，降低用户采纳平台所需要的技术和资源，如通过多账号登录的方式降低用户使用的成本和难度。此外，在设计有声内容时间长度时，注重用户听书体验，控制时间长度，过长或者过短的时间都会影响收听体验；平台管理人员在发布信息时，尽可能多用图片、短动画等多媒体方式，以符合用户碎片化使用特点。

第二，建立社会激励机制。本研究的实证分析发现，社会影响也能对用户的采纳意愿产生显著影响。有声书平台企业提升社会影响可以从两个维度入手，一是借助线上的人际传播。在社会关系网络中，人们总是倾向于给其他人留下好印象、得到他人的认同，以获得存在感和归属感。因此，有声书平台企业可以此为基础建立社会激励机制。例如，以激励为根本，鼓励用户通过交流、评论、分享等方式保持社交联系，刺激原有用户将有声书平台内容转发到微信、微博平台，设计激励机制以激发用户撰写评论、内容分享等行为，以及通过设立声誉机制和声誉排行榜，派发免费券、金币等形式提高用户参与度与分享能动性。用户转发内容连接着平台页面或者下载界面，有助于平台积聚大量潜在用户的关注度，以人际营销的方式促使潜在用户关注和使用有声书平台。二是进行线下的场景化营销。考虑到有声书平台用户的使用场景多为家务中、睡前或者通勤过程，有声书平台可以考虑围绕着这些场景设计营销推广计划。充分利用日常生活环境去吸引用户的注意力。例如，与汽车品牌合作，将有声书平台植入车载电台，让车主在驾驶过程中有机会收听有声内容；或者将平台搭载到智能家具中，构成场景化的音频服务体系。这些方式都能极大地拓展有声书平台与用户的接触面，促进用户采纳行为的发生。

6.2.2 持续使用行为模型应用场景与对策

用户持续使用行为模型主要适用于已经在市场上有一定知名度，拥有较多用户，但用户黏度不高，且深度用户较少的有声书平台企业，如酷听听书、掌阅听书等，这些平台的特点是：拥有一些优质资源和一定的市场知名度，但是难以留住用户，没有形成自己的深度用户群。这类企业的首要目标是强化用户忠诚度，组建自身的高黏度用户群。根据前文理论模型的实证调研，发现引起用户持续使用有声书平台的影响因素中，期望确认度、感知娱乐性、界面质量和内容质量在满意度作为中介的情况下可以显著地影响用户持续使用行为。此外，习惯与系统兼容性也能直接正向影响用户持续使用行为。综合上述因素，有声书平台企业想要提升用户的持续使用行为，需要从以下方面考虑：

第一，采用个性化推荐服务。本研究通过实证分析发现期望确认度能影响用户感知有用性、感知娱乐性和用户满意度。其中期望确认度又是用户主观态度的反应，带有明显的个人色彩，提升用户的期望确认度实则是满足用户分众需求的体现。数字时代，用户的需求越发趋于分众化，且对内容价值的判断不一，不同的用户对内容有着不同的需求。有声书平台中内容的细分与推荐机制决定了用户能否用最少的时间接触到合适自己的产品。传统的按照用户点击率和阅读量进行综合排序的方式不再合适于用户的个性化需求。所以有声书平台用户的内容分发应该走智能化道路，而算法推荐是其终极形态，通过对用户信息的识别，完成精准匹配。有声书平台聚集了大量有声内容资源，信息过载问题将会愈来愈严重，虽然现有的一些平台功能可以过滤无用信息，但是提供的大部分内容只能满足主流听众的需求，没有考虑到个性化需要。在大数据时代，有声书平台企业应充分利用用户的日常检索痕迹，挖掘用户的个性化需求和倾向，将其感兴趣的内容主动推送到平台界面首页，变被动搜索为主动推荐，满足不同用户的需求，从而提升用户的满意度。

第二，注意界面设计和用户自创内容管理。本研究通过实证分析发现，平台界面质量与内容质量能通过满意度间接影响用户的持续使用行为。市面上有声书平台操控界面的同质化比较严重，界面的差异化设计理应受到重视。有声书平台界面要给人耳目一新的感觉，可以根据自身内容或者用户人群有针对性地设计界面，给用户带来不一样的线上体验，从而增加用户满意度。可以从优化有声书平台界面的设计入手，通过各种视觉元素丰富展现效果，增强文字的尺寸、色彩、版面和字体等视觉吸引力。此外，有声书平台中存在大量用户自创内容，此部分内容更需要平台的管理和控制，用户上传内容时，可以成立专门的审核小组，对带有色情、暴力或者其他不良信息的内容及时管控。加强信息安全保护，对用户生成的不良内容进行过滤、筛选和删除等操作，并对发布内容的用户给予警告、冻结账户或清除出平台的处理，从而为用户营造一个良好的收听环境，达到升级用户的使用体验和满意度的目的。

第三，注重提升平台娱乐性。本研究发现用户的感知娱乐性相较于其他影响因素而言，最能影响用户满意度。因此，有声书平台企业应着重突出为用户带来的娱乐性价值。一方面，增加娱乐性功能。有声书平台可以开通新的服务功能来提升娱乐性。除了听书功能外，还可以增添用户录制节目等功能，吸引用户在有声书平台上开设空间以展示自己录制的音频，并可以与其他用户交流分享。例如，某些有声书平台开设了"主播工作台"功能，既增加了平台的社群服务，也强化了平台功能的娱乐性。另一方面，增加娱乐性内容，有声书平台企业在制作有声内容时，通常需要对文本进行改编，在此过程中可以将较为深奥的内容改编成口语化或者通俗化的文本，增加内容的娱乐性，从而更适合用户的浅阅读需要。此外，还可以尝试运用煽动性的字词、图片作为宣传标语来吸引他人关注，博取眼球，这种方式在某种程度上亦能满足用户的娱乐心理。

6.2.3 内容付费行为模型应用场景与对策

用户内容付费模型主要适用于已经抢占大量市场份额的头部有声书平台企业，如喜马拉雅和懒人听书等，这些平台的特点是：拥有大量的优质资源和极高的市场知名度，深度用户较多，但愿意为内容付费的用户较少，企业希望用户为内容付费，以开辟新的盈利模式。根据前文理论模型的实证调研发现，引发用户为有声书平台内容付费的因素中，在线评价、个人付费意识、信息质量、感知行为控制和试听体验是影响用户内容付费行为的重要因素。因此，有声书平台企业应该关注这些因素，从用户需求出发，制定合理的用户内容付费策略，具体如下：

第一，关注用户评论。通常电子商务平台的用户会在购买商品后做出一些简单的评价，这些评价的好坏会对其他买家的购买行为产生影响。在本研究中，同样证明在线评价会对用户购买有声内容的行为产生影响。有声书平台上的付费内容通常只公开一部分，用户难以通过触摸、观察等直观的方式去判断所购商品的质量，所以大部分用户在为有声内容付费前，会通过浏览其他用户的评价来判断内容质量。因此，平台企业除了利用好平台用户的强弱社交关系链，借助大规模的用户群和完整的用户关系链对平台进行人际传播外，还要充分搜集用户对付费有声内容产品价格、文本质量、演播者水平等方面的讨论信息，更好地改进付费内容产品或服务以满足用户的需求。此外，作为企业，想要树立良好的平台形象，必须重视用户的信息反馈与评论，这是网络商务生态中的重要组成部分，用户评论代表着用户对产品使用的反馈，能为商家打造良好品牌形象提供重要的信息，良好的平台形象使更多用户信任平台，对平台产生好感，从而提升用户的付费态度。

第二，构建付费内容生产机制。本研究发现，信息质量可以正向显著影响用户为有声内容付费的态度。有声书平台用户愿意为内容付费的一个很大原因是付费内容的质量要优于免费内容，付费内容的质量依然是用户付费的关键。因此，有声书平台必须对所发布的付费内容的质量进行严格管控，确保内容在及时性、完整性和可靠性三个方面都做到最优。对于平台企业而言，构建一套健全的内容生产机制是确保付费内容质量的基础。平台企业可以组建专业化内容生产管理团队，保证内容生产的有序化，确保内容能及时上线。有声书平台企业可以选择优质的专业内容生产商进行合作，确保内容产品的质量，例如，与出版社签约获取文本资源，保证版权的有效性，加强内容的完整性；与专业的作家和演播者合作，组建自己的"演播者资源库"，优化文本和演播者的水平，提高内容的可靠性。

第三，优化用户购买体验。实证分析发现，试听体验和感知行为控制都可以影响到用户的付费意愿。本研究中试听体验指平台给用户提供的免费收听部分，感知行为控制指用户付费流程的难易程度，均为用户具体购买流程中的一部分。在此本研究提出以下建议：其一，合理提供试听内容。试听内容是有声书平台中比较特殊的部分，它类似于付费视频中的免费观看部分。这部分内容的设计容易被忽视，但它对用户付费意愿的影响却很微妙，试听体验内容背后透露着平台对用户体验的重视，通常合理的付费试听能成功地引起用户付费意愿，平台企业在设计试听部分时，要根据内容特点，合理地划分免费试听部分的长短和限制，做到既能展现出内容特点，也能引起用户付费继续收听的兴趣。其二，降低付费操作难度。感知行为控制也能影响用户付费意愿和行为，在前文的用户访谈中多位用户提到了有声书平台的付费流程过于复杂的问题，故建议平台企业在设计付费操控时，能够简化用户的购买流程，降低用户的搜索、选择和支付的复杂性，使得整个操作方式简洁易行并且更加形象直观，增加用户付费意愿和行为。

第四，树立用户虚拟内容付费意识。用户虚拟内容的付费意识培养并非一朝一夕之功，也不是单靠个别企业就能够改善的，它需要社会各部门通力合作，制造出舆论氛围，潜移默化中改变用户的付费价值观。但对于整个行业而言，作为领头企业，如喜马拉雅、懒人听书等在引领用户价值观上理应投入更多财力和物力，可借助公益广告，与各界媒体合作，通过宣传相关法律知识和为虚拟内容付费的合理性，建立良好的社会舆论环境，逐步扭转消费者的态度、理念和消费习惯。

此外，还可以从技术角度控制用户违规传播付费内容，开发反盗版软件系统，强化系统安全性，并做好网络违规资源的监管工作，从内部审核与外部监督双维度保护有声版权，让用户无法轻易获取付费资源。

6.3　本章小结

本章结合消费者购买行为理论简述了三组用户行为模型之间的内在关系。并根据三组模型的应用场景，基于有声书平台发展的现实状况，相应地提出了平台运营策略。对于用户较少且市场占有率较低的有声书平台企业，本研究提出优化有声书平台功能设计与开发、建立社会激励机制等；对于缺乏高黏度用户的有声书平台企业，本研究提出采用个性化推荐服务、注意界面设计和用户自创内容管理、注重平台娱乐性等；对于积累了高黏度用户且急需用户价值转化的有声书平台企业，本研究提出关注用户评论、构建付费内容生产机制、优化用户购买体验、树立虚拟内容付费意识等。

7 结论与展望

7.1 主要结论

本书在借助国内外已有的相关研究成果基础上，首先界定了有声书平台的定义，分析了其类型与发展现状，以及用户的基本情况。再根据消费者行为理论将有声书平台用户的使用行为分解成三个阶段：用户采纳行为、用户持续使用行为、用户内容付费行为，最后结合访谈内容以及技术接受和使用统一理论、任务/技术匹配度理论、期望确认模型、信息系统成功模型、计划行为理论、精细加工可能性理论等构建了三项理论模型，并通过问卷调研法获取了用户使用行为的相关数据，采用结构方程模型的方法对模型配适度和理论假设进行了验证，并得到如下结论：

第一，有声书平台用户采纳行为影响因素分析。在构建有声书平台用户采纳行为影响因素模型时，本书将技术接受和使用统一理论与任务/技术匹配度理论相融合，并根据有声书平台用户的深度访谈所归纳出的新要素，提出一个假设模型，最后根据实证分析发现：用户的采纳意愿正向显著地影响用户的采纳行为；而绩效期望、社会影响、任务/技术匹配度、努力期待、个人创新意识依次对用户采纳意愿产生直接影响，并间接影响用户采纳行为；听书需求与有声书平台功能正向显著影响任务/技术匹配度。基于最终的理论模型，本研究提出优化有声书平台功能设计与开发，建立社会激励机制。

第二，有声书平台用户持续使用行为影响因素分析。本书在梳理前人相关研究基础上，将期望确认模型和信息系统成功模型融合在一起，结合对有声书平台用户的深度访谈，纳入感知娱乐性、感知互动性、习惯、系统兼容性四个影响因素，构建了有声书平台用户持续使用行为影响因素的理论模型，并对其进行实证检验。实证后的结果显示：用户满意度、习惯、系统兼容性是影响用户持续使用有声书平台的重要因素；在用户使用有声书平台的过程中形成的感知有用性、感知娱乐性会对满意度产生影响，同时用户的期望确认度会显著影响感知有用性和满意度；用户对有声书平台的界面质量、内容质量评价会对用户满意度造成影响；用户满意度能够显著影响用户习惯。结合实际情况，本研究提出采用个性化推荐服务，注意界面设计和用户自创内容管理，注重提升平台娱乐性。

第三，有声书平台用户内容付费行为影响因素分析。本书将计划行为理论模型与精细加工可能性理论模型相结合，再根据对有声书平台用户的深度访谈，构建一个由信息质量、在线评价、感知价格、个人付费意识、感知行为控制、试听体验、付费态度、付费意愿和付费行为9个影响因素组成的二阶结构方程模型，并对其开展实证检验。本理论模型的数据分析结果显示：付费态度、感知行为控制、个人付费意识、试听体验能显著影响用户的有声内容付费意愿，但是感知价格不能影响用户的付费意愿；用户的有声内容付费意愿正向显著影响用户的实际付费行为；信息质量和在线评价都能影响用户态度，但是信息质量对用户付费态度的影响力要大于在线评价。信息质量更多地体现在及时性这个维度上，表明用户在有声书平台上购买付费有声内容时，更看重内容更新的及时性。结合研究结果和实际情况，本研究提出一些经营管理对策，包括关注用户评论，构建付费内容生产机制，优化用户购买体验，树立用户虚拟内容付费意识等。

7. 2　研究不足

　　本研究虽然竭力遵循结构方程模型研究方法的范式和流程，以及半结构式深度访谈的研究规范，在综合分析前人相关研究的基础上，利用若干较为成熟的理论，构建了有声书平台用户采纳行为、持续使用行为和内容付费行为的影响因素模型，并严格按照实证分析法的要求对问卷结果的信度、效度和模型的配适度进行检验，以确保研究结论的可靠性，但受限于笔者的能力和客观条件，本研究难免存在一些遗漏和不足之处。

　　其一，调研对象较为单一。本书在收集用户数据时尽量保证样本的多样性和丰富性，但是依然存在诸多局限，例如，调研对象的选取来自几个主流有声书平台，虽然主流有声书平台更具备代表性，但所得结论依然有一定的局限性，有待后续研究进一步检验。

　　其二，在本书理论模型设计方面，影响因素的选取难免有所遗漏。有声书平台用户使用行为是一个复杂的过程，影响因素又受到各方环境的作用，虽然本研究拟通过深度访谈的方式完善影响因素，但是在实际研究过程中很难将所有因素都纳入模型，研究者尽可能地详尽列出模型影响因素，在此过程中还是难免出现遗漏和缺失。加之有声书平台的相关研究较为匮乏，诸多问题尚待讨论，本书只能借助相关信息系统的研究成果以设计模型，模型的完善还有待后来研究者继续研究。

　　其三，本书未能将三组模型之间的关系通过实证的方式加以验证。从理论上讲，有声书平台用户采纳行为、持续使用行为和付费行为之间存在递进关系，三组模型可以合成一个三位一体的用户使用行为影响因素模型。但考虑到实际中的操作难度，未能从定量的角度验证三组模型间的关系。期待后续研究能完成三组模型关系的实证分析。

7. 3　研究展望

　　在全民阅读战略的背景下，有声书平台以其高伴随性、适合碎片化时间利用等特点得到各类人群的认可，促进了有声书平台在国内的迅速发展，随着技术的成熟和行业规范，有声书平台的用户数量和社会影响力还会大幅提升，整个行业的发展前景广阔。在此情况下，相关有声书平台的研究也成为热点，其中以实证的方式对有声书平台用户进行研究不仅有重要的理论意义，还有巨大的实践作用。本研究虽然对有声书平台用户的使用行为进行了较为详细的讨论，但限于篇幅的限制，更多深入的分析有待持续探讨。

其一，有声书平台的类型较多，不同类型的有声书平台用户群体也有差异，尤其是一些小众平台，故在后期的研究中，还应该考虑到有声书平台的特殊性，对不同类型平台用户使用行为影响因素进行对比分析，可以使研究结果更具有普遍推广价值。

其二，在本书的三项模型中都未涉及用户个人情况(用户性别、年龄、职业等)和过往使用经验等变量，以及各种可能影响路径关系的调节变量。故建议在后续研究中，将影响用户行为的调节变量纳入模型，以分析不同用户群体之间的差异是否会对模型中潜在变量之间的关系产生不同的影响。

其三，利用更多的理论模型来构建和解释有声书平台用户使用行为，尤其是用户内容付费行为，未来研究中更应该借助一些经济学的理论来分析用户付费行为，以丰富相关研究的理论和实践部分。

参 考 文 献

一、中文文献

[1] 艾瑞咨询 2016 中国在线音频行业研究报告[EB/OL].[2017-9-5]. http://www.iresearch.com.cn/report/2685.html.

[2] 陈栋.数字有声出版行业的发展瓶颈与破局[J].出版广角,2017 (11):23-25.

[3] 陈恩满.农村留守儿童有声读物阅读推广研究[J].农业图书情报学 刊,2017(10):127-130.

[4] 陈洁,周佳.使有声书成为数字出版的中流砥柱——我国有声书产业 发展现状与策略研究[J].出版广角,2015(4):22-26.

[5] 蔡翔,王睿.从国民听书率看我国有声阅读产业发展趋势[J].现代出 版,2018(1):65-70.

[6] 常晓武.我国有声读物的市场空间[J].编辑之友,2004(4):30-32.

[7] 程晓宇,刘坤锋.移动阅读用户付费阅读意愿影响因素研究[J].图书 馆学研究,2017(16):87-96.

[8] 代宝.社交网站(SNS)用户使用行为实证研究[D].合肥:合肥工业大 学,2015.

[9] 德尔 I. 霍金斯, 戴维 L. 马瑟斯博, Dell. Hawkins, 等. 消费者行为学 [M]. 符国群, 等, 译. 北京: 机械工业出版社, 2015.

[10] 郭楠. 我国有声读物市场研究[J]. 编辑之友, 2009(2): 22-24.

[11] 甘春梅. 学术博客用户行为及其影响因素研究[D]. 武汉: 华中师范大学, 2013.

[12] 胡昌华. 发现听书市场的蓝海[J]. 出版参考, 2009(5): 8-9.

[13] 侯德林. 网络视频服务用户行为意愿实证研究[D]. 武汉: 华中科技大学, 2012.

[14] 胡海燕. 美国有声读物的发展对我国的启示[J]. 新闻研究导刊, 2015, 6(24): 191, 194, 196.

[15] 何檀. 移动教育持续使用的实证研究[D]. 哈尔滨: 哈尔滨工业大学, 2014.

[16] 贺钰滢. 奥德博有声出版公司研究[J]. 出版科学, 2016, 24(1): 90-95.

[17] 黄震. 让有声书的畅销潜质"与声俱来"[J]. 出版广角, 2017(19): 9-11.

[18] 黄颖, 刘娜. 有声书版权瓶颈探源[J]. 出版广角, 2017(19): 16-18.

[19] 蒋娟, 吴燕. 出版业形态的有益补充——中国有声书发展研究[J]. 中国编辑, 2017(10): 26-31.

[20] 金强, 贾晓婷. 车载有声读物的发展现状及前景分析[J]. 出版科学, 2012, 20(5): 61-67.

[21] 姜海清. 新媒体推进广播行业整体演进[J]. 新闻战线, 2013(7): 33.

[22] 江莹莹. "听书": 互联网+时代阅读新方式[J]. 新闻前哨, 2016(11): 44-46.

[23] 金家华. 社会化问答社区中用户知识行为的影响因素研究[D]. 哈尔滨: 哈尔滨工业大学, 2015.

[24] 柯佳秀, 章小童, 邓小昭. 新媒体环境下大学生听书行为意向影响因素研究[J]. 图书情报工作, 2017(10): 101-109.

[25]李丽宾．新技术开启全新的阅读方式——听书[J]．情报探索，2007
　　（5）：14-15．

[26]刘宝华．图书馆的人文关怀——建立"听书室"的思考[J]．科技信息
　　（科学教研），2007（32）：601，408．

[27]刘虹．基于期望确认模型的视频网站持续使用研究[D]．南京：南京
　　大学，2013．

[28]刘红．数字有声读物媒介生态现状及失衡研究[J]．编辑学刊，2017
　　（03）：94-98．

[29]罗茜．我国有声读物平台研究[D]．南京：南京大学，2017．

[30]刘炜．基于扩展 TTF 和 UTAUT 模型的老年用户社会化网络服务采纳
　　行为研究[J]．软科学，2015，29（3）：120-124．

[31]吕怀伟．基于 D&M 模型的电子政务成功研究[D]．天津：河北工业大
　　学，2015．

[32]吕雅琪，沈鸿飞，杨晶．情感朗读微信公众平台的设计与应用[J]．
　　新闻研究导刊，2017，8（20）：26-27．

[33]李秀丽．移动互联时代有声书的开拓与走向[J]．编辑之友，2017
　　（6）：19-22．

[34]李小鹿．网络团购消费者网站忠诚度研究[D]．沈阳：辽宁大
　　学，2015．

[35]李雅筝．在线教育平台用户持续使用意向及课程付费意愿影响因素研
　　究[D]．合肥：中国科学技术大学，2016．

[36]刘合翔．政府网站用户行为特性及其应用研究[D]．北京：北京大
　　学，2013．

[37]刘艳．开辟阅读蓝海："听"经济时代下公共图书馆阅读推广策略研究
　　[J]．图书馆建设，2017（11）：85-91．

[38]孟丹丹．移动互联时代有声读物的发展现状、问题与对策[D]．开封：
　　河南大学，2016．

[39]裴永刚．美国有声书发展态势及启示[J]．现代出版，2017（1）：

69-71.

［40］邱璨. 移动互联网时代我国有声读物创新发展策略研究［D］. 保定：河北大学，2017.

［41］施佳佳. 数字出版时代我国有声书发展的新契机［J］. 现代视听，2015（3）：18-21.

［42］孙建军，成颖，柯青. TAM 模型研究进展——模型演化［J］. 情报科学，2007，25（8）：1121-1127.

［43］史秋雨. 中国有声读物研究综述［J］. 图书馆论坛，2012，32（4）：32-35，20.

［44］单雪韩. 知识共享的影响因素分析与实现对策研究［D］. 杭州：浙江大学，2003.

［45］孙绪芹. 我国数字有声出版现状及启示：以《朗读者》为例［J］. 编辑之友，2017（7）：13-16.

［46］宋婷. 基于 UTAUT 模型的购物 APP 用户使用行为的影响因素研究［D］. 济南：山东大学，2017.

［47］宋雪雁. 用户信息采纳行为模型构建及应用研究［D］. 长春：吉林大学，2010.

［48］谈苹. 浅谈阅读跨越——"听书"：读者阅读的新选择［J］. 图书馆界，2011（2）：55-56，71.

［49］田保伟. 搭乘"网络"快车 有声读物迎来发展曙光［J］. 消费导刊，2008（14）：254.

［50］田莹. 新媒体时代有声读物的发展问题与对策分析［D］. 开封：河南大学，2013.

［51］汤庆. 基于社会化媒体营销的移动优惠券用户行为及应用研究［D］. 武汉：华中科技大学，2015.

［52］汪琳，谢莎. 移动有声阅读让儿童文学回归故事本身——以"宝贝听听"为例［J］. 出版广角，2016（14）：27-29.

［53］武林. 触屏智能手机使用行为影响因素研究［D］. 北京：北京邮电大

学，2012.

[54]吴明隆．结构方程模型-AMOS 的操作与应用(第 2 版)[M]．重庆：重庆大学出版社，2010.

[55]吴钊．中国式"听书"发展四阶段论[J/OL]．杭州师范大学学报(社会科学版)，2018(01)：1-6[2018-03-26]．http：//kns．cnki．net/kcs/detail/33. 1347. C. 20180224. 1111. 032. html.

[56]王睿．浅述欧美有声书产业的发展情况[J]．中国编辑，2017(7)：68-73.

[57]文鹏．社会化媒体用户使用行为影响因素研究[D]．武汉：武汉大学，2014.

[58]王永杰．美国有声书业纵览[J]．中国出版，2007(3)：54-56.

[59]王德银，李明．图书馆有声读物资源建设及其推广[J]．晋图学刊，2016(5)：7-10，24.

[60]王小平．有声书开启图书阅读新方式——以有声文学图书为例[J]．出版广角，2017(19)：25-27.

[61]谢广岭．科学传播网站用户持续使用行为影响因素实证研究[D]．合肥：中国科学技术大学，2017.

[62]徐梦莹．基于计划行为理论的互联网在线视频网站用户付费行为意愿影响机理研究[D]．南京：南京理工大学，2017.

[63]夏威．移动互联时代的有声阅读创新[J]．中国记者，2013(8)：117-118.

[64]谢金钿，周建青．知识付费运营特点及提升路径——以"得到"APP 为例[J]．视听界，2017(5)：76-79.

[65]薛杨．企业微信营销中用户信息行为影响因素及作用关系研究[D]．长春：吉林大学，2017.

[66]易观智库：2016 中国有声阅读市场专题研究报告[EB/OL]．[2017-9-5]．http：//www．sohu．com/a/65139167_158013.

[67]杨丽娜，孟昭宽，肖克曦，等．虚拟学习社区采纳行为影响因素实证

研究[J].电化教育研究,2012(4):47-51.

[68]袁敏,张宏.美国有声书出版的历史现状及发展趋势[J].出版广角,2017(19):22-24.

[69]余人,王令薇.从传播学视角看新型电子有声读物的崛起与发展[J].出版发行研究,2016(9):35-38,34.

[70]杨根福.MOOC用户持续使用行为影响因素研究[J].开放教育研究,2016(1):100-111.

[71]杨航.我国"听书"产业在网络下的发展和标杆性策略分析[J].编辑之友,2011(8):73-76.

[72]杨焕昌.论有声阅读的推广[J].晋图学刊,2016(3):43-46.

[73]殷爽.移动互联网时代我国有声读物的发展探析[J].视听,2017(2):58-59.

[74]叶阳,王涵.有声阅读平台用户内容付费意愿影响因素研究[J].图书馆学研究,2018(1):82-88.

[75]叶阳,张美娟,王涵.有声书APP用户使用行为影响因素分析[J].出版发行研究,2017(7):38-41,34.

[76]詹莉波.互联网时代我国有声读物的新发展[J].编辑学刊,2010(4):86-88.

[77]诸葛寰宇.我国有声书平台的发展研究——以喜马拉雅FM和蜻蜓FM对比为例[J].北京印刷学院学报,2017,25(4):51-53.

[78]张衡.手机网络游戏玩家付费意愿的影响因素研究[D].上海:华东理工大学,2014.

[79]张坤,张鹏,张野.基于UTAUT和TTF理论的旅游APP用户使用影响因素及行为研究[J].企业经济,2016(9):150-156.

[80]庄廷江.美国有声书出版与发行模式探析[J].出版发行研究,2017(2):89-92,105.

[81]张杰.德国有声书市场发展现状及营销策略分析[J].出版发行研究,2016(1):91-94.

[82]赵丽华. 从朗读到有声阅读：阅读史视野中的"听书"[J]. 现代出版，2018(1)：71-76.

[83]周涛，鲁耀斌，张金隆. 整合 TTF 与 UTAUT 视角的移动银行用户采纳行为研究[J]. 管理科学，2009，22(3)：75-82.

[84]张建凤，曾婉. OverDrive 有声书协同营销策略的启示[J]. 出版广角，2017(19)：19-21.

[85]张建凤. 亚马逊有声书运营策略分析[J]. 出版广角，2017(4)：37-40.

[86]张建凤. 欧美有声书发展现状、原因与服务类型[J]. 科技与出版，2017(5)：89-94.

[87]张杰. 德国有声书市场发展现状及营销策略分析[J]. 出版发行研究，2016(1)：91-94.

[88]赵凯利，王勇. 此处有声胜无声——从喜马拉雅 APP 看有声移动电台发展[J]. 中国报业，2017(20)：10-11.

[89]张萌. 浅析我国有声读物发展存在的问题及解决措施[J]. 新闻研究导刊，2017，8(9)：242-243.

[90]曾群，程晓，周小渝，等. 基于双路径模型的网络舆情在社交网络上的传播机制研究[J]. 情报科学，2017(6)：29-33.

[91]张琦. 数字化阅读模式研究：以有声读物类应用为中心[J]. 编辑之友，2017(7)：17-21.

[92]查先进，张晋朝，严亚兰. 微博环境下用户学术信息搜寻行为影响因素研究——信息质量和信源可信度双路径视角[J]. 中国图书馆学报，2015，41(3)：71-86.

[93]张远帆. 从欧美的发展历程看中国有声书市场的可能性[J]. 出版广角，2016(20)：23-25.

[94]赵准. 早期阅读发展方向之有声阅读[J]. 农村经济与科技，2016，27(14)：241.

[95]杨亚玲. 从 2017 数字图书世界大会看美国数字图书出版现状和趋势

［J］. 出版参考，2017（5）：23-24.

［96］朱小妮. 数字化背景下儿童有声阅读的产业图谱［J］. 出版广角，2017（19）：12-15.

［97］曾政. 巴诺网上书店有声书平台的发展经验［J］. 出版参考，2012（21）：48-50.

［98］赵准. 早期阅读发展方向之有声阅读［J］. 农村经济与科技，2016，27（14）：241.

二、外文文献

［1］Aarts H，Verplanken B，Knippenberg A V. Predicting Behavior from Actions in the Past：Repeated Decision Making or a Matter of Habit？［J］. Journal of Applied Social Psychology，2010，28（15）：1355-1374.

［2］Ajzen I. The Theory of Planned Behavior［J］. Reseaech in Nursing & Health，1991，14（2）：137-144.

［3］Ajzen I. Attitudes Personality，and Behavior［M］. Open University Press，1988：228-233.

［4］Ajzen I，Madden T J. Prediction of Goal-directed Behavior：Attitudes，Intentions，and Perceived Behavioral Control［J］. Journal of Experimental Social Psychology，1986，22（5）：453-474.

［5］Alawadhi S，Morris A. The Use of the UTAUT Model in the Adoption of E-Government Services in Kuwait［C］//Hawaii International Conference on System Sciences，Proceedings of the IEEE，2008：219-219.

［6］Alshehri M，Drew S，Alhussain T，et al. The Effects of Website Quality on Adoption of E-Government Service：An Empirical Study Applying UTAUT Model Using SEM［J］. Computer Science，2012：1-13.

［7］Amblee N，Bui T. Harnessing the Influence of Social Proof in Online Shopping：The Effect of Electronic Word-of-Mouth on Sales of Digital

Microproducts[J]. International Journal of Electronic Commerce, 2011, 16 (2): 91-114.

[8] Amin M, Rezaei S, Abolghasemi M. User Satisfaction with Mobile Websites: The Impact of Perceived Usefulness (PU), Perceived Ease of Use (PEOU) and Trust [J]. Nankai Business Review International, 2014, 5 (3): 258-274.

[9] Angst C M, Agarwal R. Adoption of Electronic Health Records in the Presence of Privacy Concerns: The Elaboration Likelihood Model and Individual Persuasion[J]. MIS Quarterly, 2009, 33(2): 339-370.

[10] Anguera X, Perez N, Urruela A, et al. Automatic Synchronization of Electronic and Audio Books via TTS Alignment and Silence Filtering[C]// IEEE International Conference on Multimedia and Expo. IEEE, 2011: 1-6.

[11] Attuquayefio N B, Addo H. Using the UTAUT Model to Analyze Students' ICT Adoption[J]. International Journal of Education & Development Using Information & Communication Technology, 2014, 10(3): 75-86.

[12] Basil M. Consumer Purchase Behaviour Towards Foreign Made Ethnic Wear [J]. IOSR Journal of Business and Management, 2013, 15(4): 27-36.

[13] Bélanger F, Carter L. Trust and Risk in E-Government Adoption [J]. Journal of Strategic Information Systems, 2008, 17(2): 165-176.

[14] Bei L T, Chen E Y I, Widdows R. Consumers' Online Information Search Behavior and the Phenomenon of Search vs. Experience Products [J]. Journal of Family & Economic Issues, 2004, 25(4): 449-467.

[15] Bhattacherjee A. Understanding Information Systems Continuance: An Expectation-Confirmation Model [J]. MIS Quarterly, 2001, 25 (3): 351-370.

[16] Brian Hilligoss, Soo Young Rieh. Developing a Unifying Framework of Credibility Assessment: Construct, Heuristics, and Interaction in Context [J]. Information Processing and Management, 2008, 44(4): 1467-1484.

[17] Byoungsoo Kim. An Empirical Investigation of Mobile Data Service Continuance: Incorporating the Theory of Planned Behavior into the Expectation-Confirmation Model [J]. Expert Systems with Applications, 2010, 37(10): 7033-7039.

[18] Casbergue R M, Karen H. Harris. Listening and Literacy: Audiobooks in the Reading Program[J]. Reading Horizons, 1996(37): 48-59.

[19] Carbo M. Teaching Reading with Talking Books[J]. The Reading Teacher, 1978, 32 (3): 267-273.

[20] Calisir F, Calisir F. The Relation of Interface Usability Characteristics, Perceived Usefulness, and Perceived Ease of Use to End-user Satisfaction with Enterprise Resource Planning (ERP) Systems [J]. Computers in Human Behavior, 2004, 20(4): 505-515.

[21] Chevalier J A, Mayzlin D. The Effect of Word of Mouth on Sales: Online Book Reviews[J]. Social Science Electronic Publishing, 2006, 43(3): 345-354.

[22] Chih-Chung C, Chang S C. Discussion on the Behavior Intention Model of Consumer Online Shopping[J]. Journal of Business & Management, 2005, 11(25): 11301-11310.

[23] Chin W W. The Partial Least Squares Approach for Structural Equation Modeling[M]//Marcoulides G A. Modern Methods, for Business Research. Lawrence Erlbaum Associates Publishers, 1998: 295-336.

[24] Cho S N, Kim H G, Kim D G, et al. The Effects of Perceived Interactivity toward on Satisfaction and Loyalty in Online Games [J]. Journal of the Korea Entertainment Industry Association, 2013, 7(2): 1-5.

[25] Chou C H, Chiu C H, Ho C Y, et al. Understanding Mobile Apps Continuance Usage Behavior and Habit: An Expectance-Confirmation Theory [J]. Proceedings-Pacific Asia Conference on Information Systems, 2013.

［26］Chung B Y, Skibniewski M J, Kwak Y H. Developing ERP Systems Success Model for the Construction Industry［J］. Journal of Construction Engineering & Management, 2009, 135(3): 207-216.

［27］Cody-Allen E, Kishore R. An Extension of the UTAUT Model with E-quality, Trust, and Satisfaction Constructs［C］//ACM Sigmis Cpr Conference on Computer Personnel Research: Forty Four Years of Computer Personnel Research: Achievements, Challenges & the Future. ACM, 2006: 82-89.

［28］Cronin J J, Taylor S A. Measuring Service Quality: A Reexamination and Extension［J］. Journal of Marketing, 1992, 56(3): 55-68.

［29］D'Ambra J, Wilson C, Akter S. Application of the Task-Technology Fit (TTF) Model to Structure and Evaluate the Adoption of E-books by Academics［M］. Journal of the American Society for Information Science and Technology, 2012.

［30］Davis F D. Perceived Usefulness, Perceived Ease of Use, and User Acceptance of Information Technology［J］. MIS Quarterly, 1989, 13(3): 319-340.

［31］Davis F D, Bagozzi R P, Warshaw P R. User Acceptance of Computer Technology: A Comparison of Two Theoretical Models［J］. Management Science, 1989, 35(8): 982-1003.

［32］Dishaw M T, Strong D M. Supporting Software Maintenance with Software Engineering Tools: A Computed Task-technology Fit Analysis［J］. Journal of Systems & Software, 1998, 44(2): 107-120.

［33］Engelen J J. A Rapidly Growing Electronic Publishing Trend: Audiobooks for Leisure and Education［J］. Elpub, 2008.

［34］Esteves K J, Whitten E. Assisted Reading with Digital Audiobooks for Students with Reading Disabilities［J］. Reading Horizons, 2011, 51(1): 21-40.

[35] Filieri R, Mcleay F. E-WOM and Accommodation: An Analysis of the Factors that Influence Travelers' Adoption of Information from Online Reviews[J]. Journal of Travel Research, 2013, 53(1): 44-57.

[36] Fishbein M, Ajzen I. Belief, Attitude, Intention and Behaviour: An Introduction to Theory and Research[J]. Philosophy & Rhetoric, 1975, 41 (4): 842-844.

[37] Foon Y S, Fah B C Y. Internet Banking Adoption in Kuala Lumpur: An Application of UTAUT Model [J]. International Journal of Business & Management, 2011, 6(6): 161.

[38] Fornell C, Larcker D F. Evaluating Structural Equation Models with Unobservable Variables and Measurement Error[J]. Journal of Marketing Research, 1981, 18(1): 39-50.

[39] Gorla N, Somers T M, Wong B. Organizational Impact of System Quality, Information Quality, and Service Quality [J]. Journal of Strategic Information Systems, 2010, 19(3): 207-228.

[40] Goodhue D L, Thompson R L. Task-technology Fit and Individual Performance[J]. MIS Quarterly, 1995, 19(2): 213-236.

[41] Gopi M, Ramayah T. Applicability of Theory of Planned Behavior in Predicting Intention to Trade Online[J]. International Journal of Emerging Markets, 2007, 2(4): 348-360.

[42] Heberlein T A, Black J S. Attitudinal Specificity and the Prediction of Behavior in a Field Setting[J]. Journal of Personality & Social Psychology, 1976, 33(4): 474-479.

[43] Hsiao C H, Chang J J, Tang K Y. Exploring the Influential Factors in Continuance Usage of Mobile Social Apps: Satisfaction, Habit, and Customer Value Perspectives[J]. Telematics & Informatics, 2016, 33(2): 342-355.

[44] Ho S Y, Bodoff D. The Effects of Web Personalization on User Attitude and

Behavior：An Integration of the Elaboration Likelihood Model and Consumer Search Theory[M]. MIS Quarterly, 2014, 38(2)：497-520.

[45]Hoi K H, Kyung-Won C, Sook K H, et al. New Integrated Information System for Pusan National University Hospital[J]. Healthcare Informatics Research, 2011, 17(1)：67.

[46]Husnil Khatimah, Fairol Halim. The effect of attitude and its decomposed, perceived behavioral control and itsdecomposed and awareness on intention to use e-money mobile in Indonesia[J]. Journal of Scientific Research and Development, 2016, 3 (1)：39-50.

[47]Oh J, Kim W, Park G. The Relationship among Perceived Usefulness, User Satisfaction, Continuance Intention, and Positive WOM in Internet Banking[J]. Jour of Adv Research in Dynamical & Control Systems, 2017, 21(5)：151-155.

[48]Kang H, Hahn M, Fortin D R, et al. Effects of Perceived Behavioral Control on the Consumer Usage Intention of E-coupons[J]. Psychology & Marketing, 2006, 23(10)：841-864.

[49]Kang Y S, Hong S, Lee H. Exploring Continued Online Service Usage Behavior：The Roles of Self-image Congruity and Regret[J]. Computers in Human Behavior, 2009, 25(1)：111-122.

[50]Keaveney S M. Customer Switching Behavior in Service Industries：An Exploratory Study[J]. Journal of Marketing, 1995, 59(2)：71-82.

[51]Kefi H, Mlaiki A, Kalika M. Social Networking Continuance：When Habit Leads to Information Overload[J]. Economics Papers from University Paris Dauphine, 2015.

[52]Khezri A. Understanding User Satisfaction and Continuance Intentions in MOOCs[J]. Computers & Education, 2014, 31(2)：341-355.

[53]Kilmon C A, Fagan M H, Pandey V, Belt T. Using the Task Technology Fit Model as a Diagnostic Tool for Electronic Medical Records Systems

Evaluation[J]. Issues in Information Systems, 2008, 9(2): 196-204.

[54]Kim D, Sugai P. Differences in Consumer Loyalty and Willingness to Pay for Service Attributes Across Digital Channels: The Case of Japanese Digital Content Market[J]. Telecommunications Policy, 2008, 32(7): 480-489.

[55]Kim B. An Empirical Investigation of Mobile Data Service Continuance: Incorporating the Theory of Planned Behavior into the Expectation-confirmation Model[M]. Pergamon Press, Inc., 2010.

[56]Kim B G, Yoon I K, Park H S. Factors Affecting the User Satisfaction and Continuance Usage Intention of Social Network Service [J]. Journal of Information Technology Application and Management, 2016, 23 (2): 207-224.

[57]Kuo Y F, Yen S N. Towards an Understanding of the Behavioral Intention to Use 3G Moblie Value-added Services [J]. Computers in Human Behavior, 2009(1): 103-110.

[58]Laumer S, Maier C, Weitzel T. Information Quality, User Satisfaction, and the Manifestation of Workarounds: A Qualitative and Quantitative Study of Enterprise Content Management System Users [J]. European Journal of Information Systems, 2017(5): 1-28.

[59]Lee M C. Explaining and Predicting Users' Continuance Intention Toward e-Learning: An Extension of the Expectation-confirmation Model [J]. Computers & Education, 2010, 54(2): 506-516.

[60]Lee Hae Young, Qu H, Kim Y S. A Study of the Impact of Personal Innovativeness on Online Travel Shopping Behavior—A Case Study of Korean Travelers[J]. Tourism Management, 2007, 28(3): 886-897.

[61]Lee Y, Kwon O. Gender Differences in Continuance Intention of On-line Shopping Services[J]. Asia Pacific Journal of Information Systems, 2010 (20).

[62]Lee M, Youn S. Electronic Word of Mouth (eWOM): How eWOM

Platforms Influence Consumer Product Judgement[J]. International Journal of Advertising, 2009, 28(3): 473-499.

[63] Liang T, Jang S, Morrison A. Dual-route Communication of Destination Websites[J]. Tourism Management, 2012, 33(1): 38-49.

[64] Lim H, Dubinsky A J. The Theory of Planned Behavior in E-Commerce: Making a Case for Interdependencies Between Salient Beliefs [J]. Psychology & Marketing, 2005, 22(10): 833-855.

[65] Lin T C, Wu S, Hsu S C, et al. The Integration of Value-based Adoption and Expectation-confirmation Models: An Example of IPTV Continuance Intention[J]. Decision Support Systems, 2012, 54(1): 63-75.

[66] Liska A E. A Critical Examination of the Causal Structure of the Fishbein/ Ajzen Attitude-behavior Model[J]. Social Psychology Quarterly, 1984, 47 (1): 61-74.

[67] Li Y M, Yen Y S. Service Quality's Impact on Mobile Satisfaction and Intention to Use 3G Service [C]// Hawaii International Conference on System Sciences. IEEE Computer Society, 2009: 1-10.

[68] Loiacono E T, Djamasbi S, Kiryazov T. Factors that Affect Visually Impaired Users' Acceptance of Audio and Music Websites[J]. International Journal of Human-Computer Studies, 2013, 71(3): 321-334.

[69] Lu J, Yao J E, Yu C S. Personal Innovativeness, Social Influences and Adoption of Wireless Internet Services Via Mobile Technology[J]. Journal of Strategic Information Systems, 2005, 14(3): 245-268.

[70] Luo M M. Continuance Intention of Blog Users: The Impact of Perceived Enjoyment, Habit, User Involvement and Blogging Time[J]. Behaviour & Information Technology, 2013, 32(6): 570-583.

[71] Marchionda D. A Bridge to Literacy: Creating Lifelong Readers through Audiobooks[J]. AudioFile, 2001, 10 (2): 19-21.

[72] Mason R O. Measuring Information Output: A Communication Systems

Approach[J]. Information & Management, 1978, 1(4): 219-234.

[73] Hagger M, Chatzisarantis N. Self-determination Theory and the Psychology of Exercise [J]. International Review of Sport & Exercise Psychology, 2008, 1(1): 79-103.

[74] McKinney V, Yoon K, Zahedi F M. The Measurement of Web-customer Satisfaction: An Expectation and Disconfirmation Approach [J]. Information Syetem Research, 2002, 13(3): 296-315.

[75] Warkentin M, Gefen D, Pavlou P A, et al. Encouraging Citizen Adoption of E-Government by Building Trust[J]. Electronic Markets, 2002, 12(3): 157-162.

[76] Milani A, Lorusso M L, Molteni M. The Effects of Audiobooks on the Psychosocial Adjustment of Pre-adolescents and Adolescents with Dyslexia [J]. Dyslexia, 2010, 16(1): 87-97.

[77] Moores T T. Towards an Integrated Model of IT Acceptance in Healthcare [J]. Decision Support Systems, 2012, 53(3): 507-516.

[78] Nasmith W, Parkinson M. Senior Citizens Embrace Change and Make a New Technology Work for Them[J]. The Electronic Library, 2008, 26(5): 673-682.

[79] Oliver R L. A Cognitive Model of the Antecedents and Consequences of Satisfaction Decisions[J]. Journal of Marketing Research, 1980, 17(4): 460-469.

[80] Oyewusi L M. Auduio Books in the Nigerian Higher Educational System: To be Adopted or not to be Adopted[J]. African research review, 2009, 3(4): 372-378.

[81] Parthasarathy M, Bhattacherjee A. Understanding Post-Adoption Behavior in the Context of Online Services[J]. Information Systems Research, 1998, 9(4): 362-379.

[82] Petty R E, Cacioppo J T. Communication and Persuasion: Central and

Peripheral Routes to Attitude Change[J]. American Journal of Psychology, 2016, 101(1).

[83]Prahallad K, Black A W. Segmentation of Monologues in Audio Books for Building Synthetic Voices [J]. IEEE Transactions on Audio Speech & Language Processing, 2011, 19(5): 1444-1449.

[84]Quaye A K M. An Investigation of Human-computer Interface Design Quality and Its Effects on User Satisfaction[M]. University of South Carolina, 1990.

[85]Rahman A L A, Jamaludin A, Mahmud Z. Intention to Use Digital Library Based on Modified UTAUT Model: Perspectives of Malaysian Postgraduate Students[J]. Proceedings of World Academy of Science Engineering & Technology, 2011(75): 116.

[86]Ramus K, Nielsen N A. Online Grocery Retailing: What do Consumers Think? [J]. Internet Research, 2005, 15(3): 335-352.

[87]Stone-Harris S. The Benefit of Utilizing Audiobooks with Students Who Are Struggling Readers[D]. Walden University, 2008.

[88]Salemi S, Selamat A, Selamat M H. Analysis of Service Quality and User Satisfaction Improvement in Public Transportation System[J]. International Journal of Digital Content Technology & Its Applications, 2011, 5(10): 95-104.

[89]McMillan S, Hwang J. Measures of Perceived Interactivity: An Exploration of the Role of Direction of Communication, User Control, and Time in Shaping Perceptions of Interactivity[J]. Journal of Advertising, 2002, 31(3): 29-42.

[90]Seddon P. A Partial Test and Development of Delone and Mclean's Model of is Success[J]. Australasian Journal of Information Systems, 1996, 4(1): 137-148.

[91]Serafini F. Audiobooks and Literacy: An Educator's Guide to Utilizing

Audiobooks in the Classroom[M]. New York: Listening Library, 2004.

[92]Shannon C E, Weaver W. The Mathematical Theory of Communication[J]. Physics Today, 1950, 3(9): 31-32.

[93]Sheppard B H, Hartwick J, Warshaw P R. The Theory of Reasoned Action: A Meta-Analysis of Past Research with Recommendations for Modifications and Future Research[J]. Journal of Consumer Research, 1988, 15(3): 325-343.

[94]Sheeran P, Trafimow D, Armitage C J. Predicting Behaviour from Perceived Behavioural Control: Tests of the Accuracy Assumption of the Theory of Planned Behaviour[J]. British Journal of Social Psychology, 2003, 42(Pt 3): 393-410.

[95]Shiau W L, Luo M M, Shiau W L, et al. Continuance Intention of Blog Users: The Impact of Perceived Enjoyment and User Involvement[C]// Pacific Asia Conference on Information Systems, Pacis 2010, Taipei, Taiwan, 2010: 85.

[96]Yousafzai S Y, Foxall G R, Pallister J G. Explaining Internet Banking Behavior: Theory of Reasoned Action, Theory of Planned Behavior, or Technology Acceptance Model? [J]. Journal of Applied Social Psychology, 2010, 40(5): 1172-1202.

[97]Smith J B, Lacey S R, Williams A R, et al. Developing and Testing a Clinical Information System Evaluation Tool: Prioritizing Modifications Through End-user Input[J]. Journal of Nursing Administration, 2011, 41 (6): 252-258.

[98]Vongjaturapat S, Chaveesuk S, Chotikakamthorn N, et al. Analysis of Factor Influencing the Tablet Acceptance for Library Information Services: A Combination of UTAUT and TTF Model[J]. Journal of Information & Knowledge Management, 2015, 14(3).

[99]Tai Y M, Ku Y C. Will Insurance Brokers Use Mobile Insurance Service

Platform: An Integration of UTAUT and TTF[J]. 2014.

[100]Tang J E, Chiang C. Integrating Experiential Value of Blog Use into the Expectation-Confirmation Theory Model[J]. Social Behavior & Personality an International Journal, 2010, 38(38): 1377-1389.

[101]Taylor S, Todd P A, Todd P. Understanding Information Technology Usage: A Test of Competing Models[J]. Information Systems Research, 1995, 6(2): 144-176.

[102]Taylor R S. Value Added Processes in Information Systems [M]. NJ: Ablex Publishing Group Inc., 1986.

[103]Thomas T D, Singh L, Gaffar K. The Utility of the UTAUT Model in Explaining Mobile Learning Adoption in Higher Education in Guyana[J]. International Journal of Education & Development Using Information & Communication Technology, 2013, 9(3): 71-87.

[104]Tsai C H. The E-Commerce Model of Health Websites: An Integration of Web Quality, Perceived Interactivity, and Web Outcomes[J]. Journal of Networks, 2011, 6(7): 1017-1024.

[105]Tsang M M, Ho S C, Liang T P. Consumer Attitudes Toward Mobile Advertising: An Empirical Study[J]. International Journal of Electronic Commerce, 2004, 8(3): 65-78.

[106]Viswanath V, Morris M G. Why Don't Men Ever Stop to Ask for Directions? Gender, Social Influence, and Their Role in Technology Acceptance and Usage Behavior [J]. MIS Quarterly, 2000, 24 (1): 115-139.

[107]Venkatesh V, Davis F D. User Acceptance of Information Technology: Toward A Unified View[J]. MIS Quarterly, 2003, 27(3): 425-478.

[108]Venkatesh V V, Morris M G, Ackerman P L. A Longitudinal Field Investigation of Gender Differences in Individual Technology Adoption Decision-Making Processes [J]. Organizational Behavior & Human

Decision Processes, 2000, 83(1): 33.

[109] Wang W. How Personality Affects Continuance Intention: An Empirical Investigation of Instant Messaging [C]// Pacific Asia Conference on Information Systems, Pacis 2010, Taipei, Taiwan, 2010: 113.

[110] DeLone W H, McLean E R. Measuring e-Commerce Success: Applying the DeLone & McLean Information Systems Success Model [J]. International Journal of Electronic Commerce, 2004, 9(1): 31-47.

[111] Wilson E V, Lankton N K. Effects of Prior Use, Intention, and Habit on IT Continuance Across Sporadic Use and Frequent Use Conditions [J]. Accounting Faculty Research, 2013, 329(3): 725-734.

[112] Wixom B H, Todd P A. A Theoretical Integration of User Satisfaction and Technology Acceptance [J]. Information Systems Research, 2005, 16 (1): 85-102.

[113] Whittingham J, Huffman S, Christensen R, et al. Use of Audiobooks in a School Library and Positive Effects of Struggling Readers' Participation in a Library-Sponsored Audiobook Club [J]. School Library Media Research, 2013(16): 18.

[114] Zamzami I, Mahmud M. User Satisfaction on Smart Phone Interface Design, Information Quality Evaluation [C]// International Conference on Advanced Computer Science Applications and Technologies. IEEE, 2013: 78-82.

[115] Zhou T. Understanding Users' Initial Trust in Mobile Banking: An Elaboration Likelihood Perspective [J]. Computers in Human Behavior, 2012, 28(4): 1518-1525.

[116] Zhou T, Lu Y, Wang B. Integrating TTF and UTAUT to Explain Mobile Banking User Adoption [J]. Computers in Human Behavior, 2010, 26 (4): 760-767.

[117] Zhao L, Lu Y. Enhancing Perceived Interactivity Through Network

Externalities: An Empirical Study on Micro-blogging Service Satisfaction and Continuance Intention[J]. Decision Support Systems, 2012, 53(4): 825-834.

[118]Zhou T, Zhang S. Examining the Effect of E-commerce Website Quality on User Satisfaction [C]// Second International Symposium on Electronic Commerce and Security. IEEE Computer Society, 2009: 418-421.

[119]Zhou T. Understanding Users' Initial Trust in Mobile Banking: An Elaboration Likelihood Perspective[J]. Computers in Human Behavior, 2012, 28(4): 1518-1525.

[120]Zigurs I, Buckland B K. A Theory of Task/Technology Fit and Group Support Systems Effectiveness [J]. MIS Quarterly, 1998, 22 (3): 313-334.

[121]Zuying M O, Feicheng M A. Empirical Research on User Satisfaction Model of the Content Quality of Database Information Resources [J]. Journal of Library Science in China, 2013.

附录 1　有声书平台用户基本信息调研表

我们正在做一项关于有声书平台用户行为的基本信息调查，想邀请您花几分钟填写此问卷。感谢！

1. 您是否使用过有声书平台？（包括喜马拉雅 FM、蜻蜓 FM、得到 APP、懒人听书、氧气听书、听书宝等）

　　○是　　　　　　　○否

2. 您是否经常使用有声书平台？

　　○是　　　　　　　○否

3. 您是否在有声书平台上购买过有声内容？

　　○是　　　　　　　○否

4. 您是否愿意完成我们后续的调研问卷？

　　○是　　　　　　　○否

联系方式 QQ 或者 E-Mail：_____

附录 2　有声书平台用户使用行为访谈提纲

研究采用半结构式深度访谈，访谈大纲只作为参考，访谈时会根据具体情况做出调整。整个访谈过程大致如下：

（1）告知受访者自己的身份、研究目的和相关承诺。包括结果的匿名性、非商业性等。

（2）询问受访者的个人信息。其中包括性别、年龄、受教育程度、所在地域、工作情况。

（3）询问受访者用过哪些有声书平台，并以此作为访谈的切入点。

（4）根据受访者回答，询问受访者是哪些因素导致他采纳有声书平台（采纳行为、持续使用行为、内容付费行为）。

（5）请受访者谈一下对有声书平台的看法或者建议。

（6）根据受访者的回答，继续追问一些问题，以便获得更加详细的信息。

（7）访谈结束，向受访者表示感谢。

访谈结束后，及时整理文字资料，完善后续工作，并将内容交与受访者进行核对，以保证访谈内容的效度。

附录3 有声书平台用户采纳行为影响因素调研问卷

我们正在做一项关于有声书平台用户采纳行为调查，想邀请您花几分钟时间填写此问卷。本问卷采用匿名方式，所得数据只用于学术研究，题目无对错之分，请放心如实填写。感谢！

1. 请问以下移动有声书平台，您使用过哪些？[多选题]*

□喜马拉雅平台　　□懒人听书　　□蜻蜓 FM　　□荔枝 FM

□氧气听书　　　　□酷听听书　　□得到　　　□听书宝

□咪咕听书　　　　□熊猫听书　　□其他

2. 任务需求[矩阵量表题]*

	非常 不同意	比较 不同意	有点 不同意	一般	有点 同意	比较 同意	非常 同意
我希望利用碎片化的时间获取知识	○	○	○	○	○	○	○
我希望利用碎片化的时间娱乐消遣	○	○	○	○	○	○	○
我希望利用碎片化的时间提升个人修养	○	○	○	○	○	○	○

3. 平台功能 [矩阵量表题] *

	非常 不同意	比较 不同意	有点 不同意	一般	有点 同意	比较 同意	非常 同意
有声书平台可以促进碎片化时间的利用	○	○	○	○	○	○	○
有声书平台上提供足够丰富的有声内容	○	○	○	○	○	○	○
有声书平台上提供高质量的有声内容	○	○	○	○	○	○	○

4. 任务/技术匹配度 [矩阵量表题] *

	非常 不同意	比较 不同意	有点 不同意	一般	有点 同意	比较 同意	非常 同意
我能从有声书平台随时随地获取有声内容	○	○	○	○	○	○	○
我能从有声书平台高效地获取有声内容	○	○	○	○	○	○	○
我能从有声书平台获取高质量的有声内容	○	○	○	○	○	○	○
总体上说，有声书平台很好地满足了我的听书需求	○	○	○	○	○	○	○

5. 绩效期待 [矩阵量表题] *

	非常 不同意	比较 不同意	有点 不同意	一般	有点 同意	比较 同意	非常 同意
有声书平台提高了我的阅读效率	○	○	○	○	○	○	○
与用眼看文字的阅读相比，有声书平台里带有背景音乐，使我能更好地理解书中内容	○	○	○	○	○	○	○
使用有声书平台听书，会放松我的双眼，避免眼疲劳程度的加深	○	○	○	○	○	○	○
使用有声书平台听书，能够在我做许多其他事(如通勤、家务、散步)时同时进行	○	○	○	○	○	○	○

6. 努力期待[矩阵量表题] *

	非常 不同意	比较 不同意	有点 不同意	一般	有点 同意	比较 同意	非常 同意
从有声书平台中找到听书的资源，对于我是容易的	○	○	○	○	○	○	○
熟练使用有声书平台的各项功能，对于我是容易的(例如，喜马拉雅平台提供的"我要做主播功能"、音频分享挣钱功能等)	○	○	○	○	○	○	○

续表

	非常 不同意	比较 不同意	有点 不同意	一般	有点 同意	比较 同意	非常 同意
我能很轻松地听清楚有声书平台提供的有声内容	○	○	○	○	○	○	○
我与有声书平台功能的交互是清晰明白的	○	○	○	○	○	○	○

7. 社会影响[矩阵量表题] *

	非常 不同意	比较 不同意	有点 不同意	一般	有点 同意	比较 同意	非常 同意
老师、同学、朋友等对有声书平台的推荐,对我使用有声书平台有较大影响	○	○	○	○	○	○	○
图书馆、手机通信运营商(电信、移动或联通)对有声书平台的宣传与推荐,对我使用有声书平台有较大影响	○	○	○	○	○	○	○
当有意见领袖推荐有声书平台后,我会更愿意使用它(例如,罗振宇的得到APP)	○	○	○	○	○	○	○
使用有声书平台让我在我的生活圈子中有了紧跟时代潮流的形象	○	○	○	○	○	○	○

8. 个人创新性[矩阵量表题] *

	非常 不同意	比较 不同意	有点 不同意	一般	有点 同意	比较 同意	非常 同意
我平时会关注一些新的科技 产品或服务动向	○	○	○	○	○	○	○
周围人中，我往往最先使用 新的科技产品或服务	○	○	○	○	○	○	○
总的来说，我是一个乐于接 受新鲜事物的人	○	○	○	○	○	○	○

9. 采纳意愿［矩阵量表题］ *

	非常 不同意	比较 不同意	有点 不同意	一般	有点 同意	比较 同意	非常 同意
我喜欢使用有声书平台收听 有声内容	○	○	○	○	○	○	○
我喜欢有声书平台提供的各 项功能和服务	○	○	○	○	○	○	○
我的阅读习惯受到有声书平 台的影响	○	○	○	○	○	○	○
总之，我喜欢使用有声书 平台	○	○	○	○	○	○	○

10. 采纳行为［矩阵量表题］ *

	非常 不同意	比较 不同意	有点 不同意	一般	有点 同意	比较 同意	非常 同意
我已经开始使用有声书平台	○	○	○	○	○	○	○

续表

	非常 不同意	比较 不同意	有点 不同意	一般	有点 同意	比较 同意	非常 同意
我有时会一边做别的事，一边使用有声书平台听书	○	○	○	○	○	○	○
有空闲时间时，我会选择使用有声书平台	○	○	○	○	○	○	○

11. 您的年龄段：［单选题］＊

　　○18 岁以下　　　　○18~25　　　　　○26~30　　　　○31~40

　　○41~50　　　　　○51~60　　　　　○60 以上

12. 您的性别：［单选题］＊

　　○男　　　　　　　○女

13. 您的学历［单选题］＊

　　○初中及以下　　　○高中　　　　　　○中专　　　　　○大专

　　○本科　　　　　　○硕士及以上

14. 您目前从事的职业：［单选题］＊

　　○全日制学生　　　○生产人员　　　　○销售人员

　　○市场/公关人员　　○客服人员　　　　○行政/后勤人员

　　○人力资源　　　　○财务/审计人员　　○文职/办事人员

　　○技术/研发人员　　○管理人员　　　　○教师

　　○顾问/咨询

　　○专业人士(如会计师、律师、建筑师、医护人员、记者等)

　　○其他

附录4 有声书平台用户持续使用行为影响因素调研问卷

我们正在做一项关于有声书平台用户持续使用行为调查，想邀请您花几分钟时间填写此问卷。本问卷采用匿名方式，所得数据只用于学术研究，题目无对错之分，请放心如实填写。感谢！

1. 请问以下移动有声书平台，您使用过哪些？［多选题］ ＊

□喜马拉雅平台　　□懒人听书　　□蜻蜓 FM　　□荔枝 FM

□氧气听书　　　　□酷听听书　　□得到　　　　□听书宝

□咪咕听书　　　　□熊猫听书　　□其他

2. 期望确认［矩阵量表题］ ＊

	非常 不同意	比较 不同意	有点 不同意	一般	有点 同意	比较 同意	非常 同意
使用有声书平台的体验比我预期的要好	○	○	○	○	○	○	○
有声书平台的服务水平高于我之前对它的期待	○	○	○	○	○	○	○
总的来讲，有声书平台基本能满足我的需求	○	○	○	○	○	○	○

3. 感知互动性［矩阵量表题］ *

	非常 不同意	比较 不同意	有点 不同意	一般	有点 同意	比较 同意	非常 同意
通过有声书平台，我可以跟 其他用户交流	○	○	○	○	○	○	○
通过有声书平台，我可以跟 演播者交流	○	○	○	○	○	○	○
通过有声书平台，我可以与 平台管理者交流	○	○	○	○	○	○	○

4. 感知娱乐性［矩阵量表题］ *

	非常 不同意	比较 不同意	有点 不同意	一般	有点 同意	比较 同意	非常 同意
使用有声书平台可以让我消 磨时间	○	○	○	○	○	○	○
使用有声书平台可以让我放 松心情，舒缓压力	○	○	○	○	○	○	○
我很享受使用有声书平台的 时光，觉得时间过得很快	○	○	○	○	○	○	○
我觉得有声书平台所提供的 内容很有趣	○	○	○	○	○	○	○

5. 感知有用性［矩阵量表题］ *

	非常 不同意	比较 不同意	有点 不同意	一般	有点 同意	比较 同意	非常 同意
在有声书平台上，我可以很快地找到想听的内容	○	○	○	○	○	○	○
有声书平台可以丰富我的业余生活	○	○	○	○	○	○	○
有声书平台所提供的有声内容很丰富	○	○	○	○	○	○	○

6. 满意度［矩阵量表题］ *

	非常 不同意	比较 不同意	有点 不同意	一般	有点 同意	比较 同意	非常 同意
总体而言，我对有声书平台的服务还是满意的	○	○	○	○	○	○	○
总体而言，使用有声书平台的经历很愉快	○	○	○	○	○	○	○
总体而言，使用有声书平台的过程比较顺利	○	○	○	○	○	○	○

7. 服务质量［矩阵量表题］ *

	非常 不同意	比较 不同意	有点 不同意	一般	有点 同意	比较 同意	非常 同意
我觉得有声书平台上的内容大多制作精良	○	○	○	○	○	○	○
我觉得有声书平台能及时提供必要的服务	○	○	○	○	○	○	○
总体而言，我觉得有声书平台的服务质量较高	○	○	○	○	○	○	○

8. 界面质量[矩阵量表题] *

	非常 不同意	比较 不同意	有点 不同意	一般	有点 同意	比较 同意	非常 同意
我觉得有声书平台界面的图片文字清晰易懂	○	○	○	○	○	○	○
我觉得有声书平台的界面清晰简洁，较少有广告和其他信息的干扰	○	○	○	○	○	○	○
我觉得有声书平台的导航功能设计得很具人性化	○	○	○	○	○	○	○

9. 内容质量[矩阵量表题] *

	非常 不同意	比较 不同意	有点 不同意	一般	有点 同意	比较 同意	非常 同意
我觉得有声书平台提供的内容涵盖面较广	○	○	○	○	○	○	○
我觉得有声书平台提供的内容质量较好	○	○	○	○	○	○	○
我觉得有声书平台能及时推出各类主题内容	○	○	○	○	○	○	○

10. 习惯[矩阵量表题] *

	非常 不同意	比较 不同意	有点 不同意	一般	有点 同意	比较 同意	非常 同意
我会在空闲时刻打开有声书平台	○	○	○	○	○	○	○

续表

	非常 不同意	比较 不同意	有点 不同意	一般	有点 同意	比较 同意	非常 同意
我会经常打开有声书平台查看内容的更新	○	○	○	○	○	○	○
我已经习惯用有声书平台收听有声书	○	○	○	○	○	○	○

11. 系统兼容性［矩阵量表题］ *

	非常 不同意	比较 不同意	有点 不同意	一般	有点 同意	比较 同意	非常 同意
我所使用的有声书平台能同时支持电脑端和移动端的学习	○	○	○	○	○	○	○
我所使用的有声书平台移动端 APP 支持多个操作系统的安装使用	○	○	○	○	○	○	○
有声书平台的电脑端与移动端的数据能有效同步	○	○	○	○	○	○	○

12. 持续使用行为［矩阵量表题］ *

	非常 不同意	比较 不同意	有点 不同意	一般	有点 同意	比较 同意	非常 同意
我会经常使用有声书平台	○	○	○	○	○	○	○
我将来会使用有声书平台	○	○	○	○	○	○	○
我将会把有声书平台推荐给他人	○	○	○	○	○	○	○

附录 5　有声书平台用户内容付费行为影响因素调研问卷

我们正在做一项关于有声书平台用户持续使用行为调查，想邀请您花几分钟时间填写此问卷。本问卷采用匿名方式，所得数据只用于学术研究，题目无对错之分，请您放心如实填写。感谢！

1. 您是否在有声书平台上购买过有声内容？［单选题］ *

   ○是　　　　　　○否

2. 您在以下哪个有声书平台上购买过有声内容？［多选题］ *

   □喜马拉雅 FM　　□懒人听书　　□蜻蜓 FM　　□荔枝 FM

   □氧气听书　　　　□酷听听书　　□得到　　　　□听书宝

   □咪咕听书

3. 完整性［矩阵量表题］ *

	非常 不同意	比较 不同意	有点 不同意	一般	有点 同意	比较 同意	非常 同意
我认为收费有声书的内容是 完整的	○	○	○	○	○	○	○

续表

	非常 不同意	比较 不同意	有点 不同意	一般	有点 同意	比较 同意	非常 同意
我认为收费有声书的内容是 全面的	○	○	○	○	○	○	○
总之，我认为收费的有声内 容很少存在内容缺失这种 情况	○	○	○	○	○	○	○

4. 及时性［矩阵量表题］ *

	非常 不同意	比较 不同意	有点 不同意	一般	有点 同意	比较 同意	非常 同意
我认为收费有声书的内容更 新比较快	○	○	○	○	○	○	○
我认为收费有声书的内容一 般是最新的	○	○	○	○	○	○	○
总之，我认为收费有声书的 内容更新比较及时	○	○	○	○	○	○	○

5. 有用性［矩阵量表题］ *

	非常 不同意	比较 不同意	有点 不同意	一般	有点 同意	比较 同意	非常 同意
我认为付费有声内容对我是 有帮助的	○	○	○	○	○	○	○
我认为付费有声内容有助于 我的个人提升	○	○	○	○	○	○	○
我认为付费有声内容能更好 地满足我的需求	○	○	○	○	○	○	○

6. 在线口碑［矩阵量表题］ *

	非常 不同意	比较 不同意	有点 不同意	一般	有点 同意	比较 同意	非常 同意
我认为关于付费有声内容的 评论信息是可靠的	○	○	○	○	○	○	○
我认为关于付费有声内容的 评论信息是值得信赖的	○	○	○	○	○	○	○
我更愿意为评论较多的有声 内容付费	○	○	○	○	○	○	○

7. 感知价格［矩阵量表题］ *

	非常 不同意	比较 不同意	有点 不同意	一般	有点 同意	比较 同意	非常 同意
我认为付费有声书的定价是 合理的	○	○	○	○	○	○	○
我对付费有声书的价格比较 满意	○	○	○	○	○	○	○
我认为付费有声书的性价比 很不错	○	○	○	○	○	○	○

8. 感知支付方式［矩阵量表题］ *

	非常 不同意	比较 不同意	有点 不同意	一般	有点 同意	比较 同意	非常 同意
我觉得有声书平台所提供的 支付界面简洁明了，很容易 操作	○	○	○	○	○	○	○

续表

	非常 不同意	比较 不同意	有点 不同意	一般	有点 同意	比较 同意	非常 同意
我觉得有声书平台所设计的支付流程简单明确，很容易完成	○	○	○	○	○	○	○
我能很快地在有声书平台上完成有声内容的购买	○	○	○	○	○	○	○

9. 个人付费意识[矩阵量表题] ＊

	非常 不同意	比较 不同意	有点 不同意	一般	有点 同意	比较 同意	非常 同意
我曾经有过为互联网内容或服务付费的经历(如视频/音乐)	○	○	○	○	○	○	○
我觉得为有价值的互联网内容或者服务付费是合理的	○	○	○	○	○	○	○
我觉得付费获取的内容和服务，其价值和服务质量更高	○	○	○	○	○	○	○

10. 试听体验[矩阵量表题] ＊

	非常 不同意	比较 不同意	有点 不同意	一般	有点 同意	比较 同意	非常 同意
若有付费有声内容支持免费试听，能帮助我做出更理智的购买决策	○	○	○	○	○	○	○

续表

	非常 不同意	比较 不同意	有点 不同意	一般	有点 同意	比较 同意	非常 同意
试听部分若能吸引我，我的 付费意愿会更强	○	○	○	○	○	○	○
总之，付费有声内容试听效 果会影响我的付费意愿	○	○	○	○	○	○	○

11. 付费态度［矩阵量表题］ *

	非常 不同意	比较 不同意	有点 不同意	一般	有点 同意	比较 同意	非常 同意
我认为阅读付费内容是个好 主意	○	○	○	○	○	○	○
我认为阅读付费内容是明智 之举	○	○	○	○	○	○	○
我喜欢阅读付费内容	○	○	○	○	○	○	○

12. 付费意愿［矩阵量表题］ *

	非常 不同意	比较 不同意	有点 不同意	一般	有点 同意	比较 同意	非常 同意
我可能会(继续)付费收听一 些有声内容	○	○	○	○	○	○	○
如果我认为有声内容是有价 值的，可能会尝试付费使用	○	○	○	○	○	○	○
我愿意将一些好的付费有声 内容推荐给周围的人	○	○	○	○	○	○	○

13. 付费行为［矩阵量表题］ *

	非常 不同意	比较 不同意	有点 不同意	一般	有点 同意	比较 同意	非常 同意
我有过在有声书平台上购买 有声内容的经历	○	○	○	○	○	○	○
我经常在有声书平台上购买 有声内容	○	○	○	○	○	○	○
我以后也会继续在有声书平 台上购买有声内容	○	○	○	○	○	○	○

致　　谢

时光荏苒，岁月如梭。伴随着敲下博士论文中最后的标点，也预示着人生中又一段旅程即将告一段落。回首过往，感慨良多，忆起三年前领到录取通知书的那一刻，内心激荡犹在。在三年求学时光里，我从一个学术基础薄弱的青年迅速成长起来，成为如今能够独立进行科学研究的博士，这离不开我的导师张美娟教授以及学院各位老师的谆谆教导和极力扶携。尤其在这离别之际，我更是多了一份对师长的感激之情。

首先要感谢的是张美娟教授。在我读博的三年时间里，她不计我之鲁钝，悉心培养、言传身教，使我受益颇丰。从引导我学习量化研究方法，到撰写课题申报书，再到鼓励我参加各类重要学术会议，这一系列的锻炼和教导使我的学术水平和个人综合能力都得到极大的提升。同样，这篇博士学位论文也凝结着张美娟教授的汗水与心血，从论文选题、提纲的确定，再到开题、撰写和修改定稿，每一个环节都得到了张老师的指导。张老师严密的逻辑思维方式、实事求是的治学态度对我的影响，是我这段求学历程中收获的最重要的财富。

同时，也感谢信息管理学院出版科学系各专业老师对我的培养。三年时间里，方卿教授、吴平教授、黄先蓉教授、朱静雯教授、徐丽芳教授、王清教授、吴永贵教授、王晓光教授等带我领略了不同研究领域内的最前沿知识，开拓了我的研究视野，并在我博士论文开题和预答辩时提出了诸多宝贵的建议，助我得以顺利完成这篇论文。

感谢师门里的兄弟姐妹，有幸能与大家聚集到同一师门，一起参与项目，一起进行学术讨论，一起写论文，共同成长进步。良好的师门氛围使得我们就像一家人，虽然毕业后大家各奔东西，天南地北，联系的机会也不多，但在需要时，一个电话、一句问候就能让我们感动许久。

感谢博士班的同学和挚友们，我会记住与你们相处的美好时光，无论是东湖绿道骑行、秋游八分山或是家庭聚餐，都成为我博士期间最美妙的记忆，他们是：王涵、陈兵、林英、徐志武、王一鸣、苏晓珍、方爱华、郑杜、刘广超、刘坤锋、曹芬芳等。

感谢在百忙之中评阅和答辩的专家和教授，我对您们的赐教和指点表示真诚的感谢！

最后，感谢我的父亲、母亲，感谢他们多年的养育之恩，他们多年来不计回报支持我的求学之路，在生活上给予我无微不至的关怀，使我能够在攻读博士期间心无旁骛地专心学术。

叶　阳

2018 年 5 月于枫园